로널드 레이건

가장 미국적인 대통령

차례
Contents

03 러쉬모어에 레이건을 16 카터 집권기의 위기와 혼란 35 미국적 생활방식으로 51 레이건의 위대한 업적 72 레이건 리더십의 실체 84 레이건에 대한 평가와 그의 유산

러쉬모어에 레이건을

미국 국민은 환희의 트럼펫을 불어 주는 대통령을 원했다

어떤 리더가 최고의 리더인가? 최고의 리더는 달성하고자 하는 목표와 비전을 명확하게 제시하는 사람이다. 따르는 사람들을 설득하여 자신과 함께 그 목표를 달성하도록 하는 사람이다. 비록 현실은 어렵지만 자기와 함께 하면 무엇이든지 할 수 있다는 확신을 심어주는 리더, 따르는 사람들이 열심히 일을 하고 바른 길을 갈 때 반드시 그 대가가 돌아올 것이며 언젠가는 승리할 수 있다는 흔들리지 않는 낙관주의를 그들의 마음속에 심어주는 리더를 사람들은 원한다.

미국 제40대 대통령 레이건Donald W. Reagan이 바로 그런 리더다. 레이건은 두 가지 비전을 제시했다. 하나는 국민 각자가 자유를 누리면서 경제적으로 번영해 가는 미국을 만드는 것이었고, 다른 하나는 보다 자유롭고 평화로운 세상을 만드는 것이었다. 레이건은 이 두 가지 비전을 달성하기 위해 두 가지의 명확한 목표를 제시했다. 하나는 경제적 번영의 길을 막고 있는 미국 정부에 대항하는 것이었다. 다른 하나는 보다 자유롭고 평화로운 세상을 만드는 데 가장 위협적인 존재인 소련에 대항하는 것이었다. 레이건은 미국 국민들에게 달성하고자 하는 명확한 비전과 목표를 제시하고 환희의 트럼펫을 불며 힘차게 전진했다.

미국이 미래에 대한 회의와 혼돈에 빠져있던 시기에 레이건의 트럼펫은 미국 국민들이 가장 듣고 싶었던 소리였다. 레이건은 잠시 주춤거리고 있지만 미국 국민들이 자신이 부는 트럼펫을 따라 행진한다면 다시 최고의 자리를 오를 수 있다는 확신을 심어 주었다. 그는 자신과 미국에 대한 놀랄 만한 확신으로 국민들의 마음속에 환희의 낙관주의를 심어 주었다.

레이건에게는 분명한 비전과 목표가 있었다. 그에게는 이를 달성하기 위한 용기도 있었다. 어떤 리더들은 목표만 제시하고 이를 실천하지 않는다. 심지어 어떤 경우에는 자신이 무엇을 해야 하는지도 모르는, 다시 말해 목표도 없는 리더도 있다. 하지만 레이건은 자신이 무엇을 해야 하는가를 알고 있었고 그것을 실천할 준비가 되어 있었다. 선거과정을 통해, 아니 이미 오래 전부터 레이건은 대통령이 되면 자신이 무엇을 할 것인가를 국민들에게 분명히 알려 왔다.

레이건은 경제적인 번영을 위해 공룡과 같은 정부에 도전했다. 그는 정부간섭이 가장 큰 문제라고 생각했다. 그래서 정부의 간섭을 줄이고 가능한 개인과 기업에 자유로운 활동영역을 확대하고자 했다. 그래서 그는 가능한 정부규제를 없애고자 했으며, 세금을 인하했고, 정부지출을 삭감했으며, 이자율을 내렸으며, 일자리를 늘렸으며, 관료주의를 축소시켰다. 그 결과 실업률을 낮추고 인플레이션을 잡는 데 성공했다. 그는 그동안 미국이 국민들로 하여금 정부에 너무 많이 의존하게 만들었고 정부 또한 너무 많은 것을 간섭함으로써 타락했음을 지적했다. 그래서 그는 대통령이 되면서 "우리들 중에 어느 누구도 스스로를 다스릴 수 없다면 우리들 중에 누가 다른 사람을 다스릴 수 있겠습니까?"라는 질문을 던졌다.[1] 그는 국민들이 스스로를 다스릴 수 있을 때 경제부흥이 이루어질 수 있다는 것을 확신했다. 그는 소위 "개천에서 용이 나올 수 있다"는 것을 부인하지 않았다. 그러나 그 용은 도움이나 투쟁을 통해서가 아니라 스스로의 노력으로 나와야 한다고 생각했다.

하지만 그가 그토록 원했지만 만족할 만큼의 성과를 거두지 못한 경제정책이 있다. 바로 균형예산의 실현이다. 레이건은 균형예산을 실현하기 위해 연방예산을 삭감하고자 했지만 진보주의자들과 언론의 반대가 너무 심했다. 사실 레이건의 우선순위는 균형예산보다 경제 활성화에 있었다. 레이건은 비록 만족할 만한 균형예산은 이루지 못했지만 작은 정부를 실현하여 레이건 이후 지금까지 미국이 전대미문의 경제적 번영을 누리는 데 큰 기여를 했다.

레이건은 평화로운 세상을 실현하기 위해 소련에 대항했다. 냉전 이후 진행된 데탕트에 대해 그는 기존 사람들이 말하는 두 나라 간의 '평화의 공존'이 아니라, '소련이 자기 목적을 달성하기 위해 이용한 일방통로'로 보았다. 나아가 그는 현재의 소련은 반드시 없어져야 할 "사악한 제국(Evil Empire)"라고 말했다. 이에 소련의 지도부는 물론이고 미국 내 진보주의자들과 언론들은 레이건을 '냉혹한 냉전주의자' '호전주의자' 등으로 비난했지만 레이건은 자신이 추구하는 길이 옳다고 확신했다. 그래서 그는 소련의 위협에 대한 해답은 데탕트의 유지가 아니라 확실한 응답이라고 보았다. 레이건은 보다 평화로운 세상을 만들기 위해서는 핵무기가 발명된 이래로 경쟁적으로 지루하게 계속된 냉전과 데탕트의 반복을 이제야 끝내야 될 때라고 생각했다. 그의 핵심조치는 전략방어계획(Strategic Defense Initiative), 즉 날아오는 적의 미사일을 우주공간에서 낚아채도록 하는 방어시스템 구축이었다. 레이건은 이미 경제적 어려움에 고통 받고 있는 소련의 지도부에게 막대한 자금이 들어가는 이 계획을 알려줌으로써 냉전이든 데탕트이든 그것은 이길 수 없는 경쟁에 도전하는 무모한 행위라는 것을 인식시켜주고자 했다. 레이건은 이를 통해 악의 제국이 몰락할 것이라 확신했다. 그리고 그의 확신은 몇 년 후에 사실로 입증되었다. 누가 뭐래도 동서 냉전의 상징인 베를린 장벽이 무너지고 소련과 중국으로 대변되었던 공산주의가 몰락한 것은 레이건의 평화로운 세상 만들기라는 비전의 결과였다.

국민들은 대통령이 현재의 문제를 정확히 진단하고 이를 해결하는 방안을 분명히 제시하기를 원한다. 이는 대통령의 위대함의 가장 중요한 요건이다. 레이건이야말로 1980년대의 미국이 처한 문제를 정확히 진단했고 이를 해결하기 위한 방안을 분명히 제시했다. 레이건에 있어 1980년대는 "국가 일신의 시기(the era of national renewal)"였다.

레이건은 경제적 번영과 평화로운 세상을 만들어 미국과 미국 국민들에게 영광을 돌려주고자 했다. 그는 이것이 정부의 방향을 바꾸고 위대한 미국을 부활시켜야만 가능하다고 보고 그렇게 실천했다. 그것은 진보적이고 급진적인 방향이 아니라 전통적이고 보수적인 방향이었다. 그것은 집단보다 개인을 더욱 중시하고, 정부간섭보다 자유방임을 강조하고, 분배에 앞서 성장을 주도하는 방향이었다. 그것도 승리할 수 있다는 낙관적 신뢰감을 미국 국민들 마음에 새겨주면서 환희의 트럼펫을 힘차게 불고 나갔다.

미국 국민은 보수주의자 레이건에게 위임장을 주었다

다수의 역사가들에 의해 레이건은 '위대한 위임자'로 평가받는다. 이 말은 레이건의 입장에서 볼 때 능동적인 말이 아니다. 레이건이야말로 전임인 카터나 포드, 오랜 정치적 경력을 가지고 있었지만 개방적이지 못한 닉슨은 물론이고, 레이건 이후의 부시와 클린턴과는 달리 정치에 입문한 이후로 자신이 무엇을 할 것인가를 국민들에게 알려왔다. 그것은 경제부흥과 평화로운 세상을 만들겠다는 약속이었다. 1980년 대통령 선거에서 레이건은 다시 한 번 국민들에게 이 약속을 했고 국민들은 레이건이 대통령으로서 무엇을 할 것인가를 알고 있었다. 그리고 미국 국민들은 이 일을 레이건에게 맡겼다.

레이건은 프랭클린 루스벨트를 존경한 민주당 뉴딜주의자였다. 그는 대학을 졸업하고 20년 이상 루스벨트를 선전하고 다녔으며, 루스벨트가 4선이 되는 데 일조를 했다. 그는 1948년 선거에서 민주당의 트루먼을 지지했고 1950년 캘리포니아 상원의원 선거에서 닉슨의 반대편에 있었다. 회고록에서 그는 자신을 "대책 없는 골수 자유주의자"로 표현하기까지 했다. 그러나 영화배우조합(Screen Actor's Guild) 회장과 제너럴 엘렉트릭사(GE)의 대변인으로 활동하면서 그는 보수주의자로 변해갔다.

레이건은 진보주의의 물결이 강하게 불고 있던 시기에 오히려 보수주의자로 변해갔다. 그는 전통적인 미국적 가치를 손상시키는 진보주의는 자신의 말대로 "대책 없는" 것으로 생각했다. 그는 미국을 미국답게 만든 것은 개인주의와 자유방임주의, 그리고 청교도주의가 혼합되어 있는 소위 '미국적 생활방식(American Way of Life)'이라 생각했다. 그는 이 길이 올바른 길이라 생각했고, 죽을 때까지 그 신념을 바꾸지 않았다.[2]

레이건은 1962년에 공화당원으로 등록하여 캘리포니아 주지사 선거전에서 공화당의 닉슨을 지지했다. 1964년에 그는 공화당의 대통령 후보 배리 골드워터Barry Goldwater를 지지하는 연설을 하면서 자신의 모습을 완전히 드러냈다. 레이건의 이 연설은 아주 유명한 것으로 미국 정계에서는 아직도 이 연설을 또렷이 기억하고 있다. 그는 이 연설을 통해 커져만 가는 미국 정부의 규모와 정부의 간섭을 줄이겠다고 약속했다. 또 미국인과 미국 기업에 대한 과중한 세금을 줄여 미국 경제를 부흥시키겠다고 약속했다. 나아가 그는 제국주의적인 공산주의는 반드시 해체되어야 하며 그 일을 할 것이라고 피력했다.

이 연설로 인하여 레이건은 전국적인 인물로 부상했고 정치인이 되어 국민에게 한 약속을 지켜 나갔다. 1966년 정치 신인인 레이건은 민주당 소속 캘리포니아 현직 주지사로 3선을 노리는 에드문트 브라운Edmund G. Brown에게 도전하여 100만 표 이상의 차이로 압승을 거두게 된다. 그 후 그는 주지사에 연임이 되고 대통령에 도전하지만 닉슨과 포드에게 후보 자리를 양보하지 않을 수가 없었다.

1980년 드디어 기회가 왔다. 레이건은 보통 사람들이 은퇴를 준비하고 은퇴 생활을 할 나이에 다시 한 번 대통령에 도전했다. 권력으로서의 대통령이 아니라, 16년 전 자신이 국민에게 약속한 내용에 대한 신념을 실천하기 위해서 대통령에 도전했다. 이 점에 있어 레이건 대통령의 특별보좌관을 지낸 페기 누난Peggy Noonan은 "레이건은 권력을 필요로 하지 않았다. 그는 이미 큰 사람이었고, (중략) 그는 단지 큰 일을 하기를

원했다"고 말했다.[3]

대통령직은 당선되고 나서 무엇을 할 것인가 생각할 수 있는 그런 자리가 아니다. 대통령직은 쇼를 방불케 하는 한 두 번의 치열한 선거전을 통해 당선되어서는 안 되는 자리이다. 대통령직은 눈물을 흘리면서 단순히 감정에 호소하여 당선되어서는 안 되는 자리이다. 왜냐하면 대통령직은 큰 자리이고 그만큼 영향이 크기 때문이다.

그래서 대통령직은 미리 국민에게 자신이 대통령에 당선되면 무엇을 할 것인가를 분명히 알리고 당선되어야 할 자리이다. 1976년 카터 후보의 법무수석비서인 로버트 립슈츠Robert Lipshutz는 선거에 이기고 나서 회의를 주재하면서 영화『후보 The Candidate』에서 그야말로 우연히 대통령직에 당선한 로버트 레드포드Robert Redford가 참모들을 돌아보면서 한 말인 '자 이제 우리 무엇을 하지?'를 되풀이 했다. 카터는 워터게이트로 대변되는 닉슨-포드의 공화당 정권의 도덕성을 집요하게 문제 삼아 대통령에 당선되지만 당선 후 당장 무엇을 할 것인가를 알지 못했다. 산재해 있는 문제를 어떻게 풀어 나갈 것이며 자신이 추구하는 비전과 목표가 무엇인지 명확히 제시하지 못했다.

현직 대통령 포드와 겨룬 예비선거에서 패한 후 레이건은 지난 4년의 카터 정권을 보면서 자신이 할 일이 무엇인가를 더욱 굳게 다졌다. 텔레비전 토론회에서 모호한 도덕성 타령에만 집착하고 할 일이 무엇인지를 명확하게 제시하지 못했던 현직 대통령 카터 후보에게 날린 레이건의 경구는 강력한 주먹이었다. "국민 여러분! 지금의 생활이 4년 전보다 나아 졌습니까?" 이 경구는 카터의 선거운동의 핵심을 파악하는 말이었고 이 말을 들은 많은 유권자들은 지지후보를 바꾸었다.

그는 예비선거에서 승리한 후 보좌관인 마틴 앤더슨Martin Anderson과 후에 합류한 앨런 그린스펀Alan Greenspan으로 하여금 자신이 할 일을 정리하도록 했다. 레이건은 자신이 할 일을 1980년 9월에 피츠버그 연설을 통해, 소득세율 30%인하, 사회복지비용의 감소, 국방비 증액, 불필요한 정부규제 철폐, 균형예산 등을 실현하겠다고 공표했다. 레이건은 이를 통해 경제부흥을 이끌겠다고 국민들에게 약속했다. 이 약속은 이미 오래 전의 약속이었고 이때는 보다 구체화 되었을 뿐이다. 또한 국방비 증액을 통해 소련과의 부적절한 동반관계(데탕트)를 끝내고 평화를 위협하는 세력에 단호히 대처하는 위대한 미국을 만들겠다고 약속했다.[4]

1960년대와 1970년대의 레이건의 목소리는 그다지 인기가 없었다. 하지만 보수주의자들의 표현에 의하면 수십 년간의 광포한 시대가 끝나갈 무렵인 1980년에 미국 국민들은 레이건의 신념에 화답했다. 말하자면 국민들은 마음껏 능력을 발휘할 수 있는 개인적 자유와 평화를 위한 미국의 힘이 보장되는 전통적인 가치의 회복을 열망했다. 선거 출구조사에서 70% 이상이 레이건의 공약에 이끌려 그에게 투표했다고 말했다. 국민이 바라는 것이 무엇인지를 알고 있는 레이건은 언론과 의회와 그리고 카터 편에 있었던 또 다른 많은 사람들과 협조하면서 그 일을 할 만반의 준비를 갖추었다.

러쉬모어와 미국 대통령, 그리고 레이건

미국 사우스다코타주의 러쉬모어산에는 미국을 위대하게 만든 대통령 4명의 얼굴이 조각되어 있다. 미국 건국의 아버지이며 신생 독립국 미국이 나아가야 할 방향을 정확하게 예시한 워싱턴, 독립선언문을 기초하고 서부를 개척하고 자유와 평등의 개념을 확대시킨 제퍼슨, 공화당 출신이면서 사회정의를 실현하고자 혁신주의를 이끌고 미국을 세계의 지도국가로 만든 테어도어 루스벨트, 연방을 보호하여 미국의 분리를 막고 흑인을 해방시켜 정의와 관용을 미국 땅에 실현시킨 링컨이 그들이다.

러쉬모어산의 조각은 1927년 10월 4일에 시작하여 1941년 10월 31일에 완성했다. 무려 15년이라는 세월이 걸렸다. 이 거대한 프로젝트가 기획되고 시작된 시기는 미국이 1920년대의 풍요의 시대를 누리고 있을 때였다. 자유방임과 친기업 성향이 넘치는 시대에 당시의 백악관은 공화당의 캘빈 쿨리지Calvin Coolidge가 주인이었다. 그는 "미국의 일은 기업이다(Business of the United States is Business)"라고 할 정도로 정부의 역할을 축소했다. 그는 검소하고, 근면하고, 노력한 만큼의 이익을 얻는 사회의 건설을 이상으로 여겼다. 이런 이상을 실현하는 데는 큰 정부나 정부간섭이 필요하지 않았다. 그는 작은 정부, 자유방임을 통해 이 이상이 실현될 것이라 여겼고 이것이 계속될 때 미국의 영광은 더 높아질 것으로 생각했다. 이런 분위기에 도나 로빈슨Doane Robinson과 거츤 보글럼Gutzon Borglum이 선구적인 인물로 등장해 러시모어 프로젝트를 추진했다. 당초 예상은 몇 년 안에 완성하려고 했지만 1929년에 불어 닥친 대공황으로 이 프로젝트는 더 많은 시간을 필요로 했다.

건국 후 지금까지 미국은 42명의 대통령을 배출했다. 성지聖地가 없는 미국에 성지가 된 러시모어산에 네 명의 대통령이 올랐다. 어떻게 해서 그들은 이 산에 오를 수 있었을까? 여러 대통령 중 그들만이 이 산에 오를 수 있었던 이유는 무엇인가? 그것은 그 때까지의 대통령들 중 워싱턴, 제퍼슨, 루스벨트, 링컨이 미국 건국정신에 충실하고 전통적인 미국의 가치를 실현시킨 인물들이었기 때문이다. 나아가 이들은 1920년대의 번영의 미국을 있게 하고 미국을 미국답게 만드는 데 큰 기여를 했다. 이들은 하나같이 대통령이라는 권력을 남용하거나 이에 집착하지 않았다. 대통령은 권력으로서의 자리가 아니라 큰 일을 하기 위한 도구로서의 자리였다. 러시모어의 얼굴들은 이를 상징했다.

세기가 바뀐 지금 미국은 러시모어 프로젝트의 시작 이후 12명의 대통령이 더 나왔다. 이들 러시모어 이후의 대통령들은 원하든 원하지 않든 집무실에서 일을 시작하는 순간 "각하! 러시모어를 생각하십시오. 그 옆에 한 자리가 비어 있습니다"

라는 소리를 들었을 것이다. 이는 하나의 열병이다. 사실 러쉬모어산에 오르고 싶지 않은 대통령이 어디 있겠는가?

하지만 역사의 판단은 아무에게 기회를 주지 않는다. 그것은 이미 러쉬모어산에 오른 네 명과 같은 또 그들 이상 미국을 위해 또 세상을 위해 위대한 일을 한 사람에게 기회가 주어질 것이다. 여러 여론조사에서 누가 그 영광을 차지 할 수 있는가 하는 질문에 그 대답은 세 명 정도로 압축된다. 대공황을 극복하고 2차 대전을 승리로 이끈 프랭클린 루스벨트, 뉴 프론티어 정신을 다지고 인권을 신장시킨 케네디, 그리고 경제적 번영을 이끌고 평화로운 세상을 견인하여 또 한 번의 위기의 미국을 강한 미국으로 만든 레이건이 그들이다.

프랭클린 루스벨트, 케네디 역시 그 나름의 러쉬모어 오를 수 있는 이유가 있다. 하지만 나는 단연코 레이건을 선택하고 싶다. 앞의 두 대통령이 그 시대를 이끈 최선의 리더였다는 것을 인정하지만 이들의 길은 미국의 전통적인 길이 아니었다. 프랭클린과 케네디는 지금까지의 개인주의적이고 자유방임적인 미국의 길이 근본적으로 잘못된 것으로 보고 개인보다 집단을, 자유보다 간섭을, 작은 정부보다 큰 정부를, 그리고 성장보다 분배를, 나아가 미국의 영광스러움보다 타협에 집중했다. 그래서 이들은 미국 국민들로 하여금 정부에 너무나 의존하게 만들어 미국인들 스스로가 자치自治할 수 있는 힘을 잃게 만들었다. 주어진 문제를 스스로 다스릴 수 없는 국민을 만든 것은 러쉬모어의 선배들이 통탄할 일이다.

하지만 레이건은 이들과 다른 대통령이었다. 그는 미국 전통의 정신인 개인주의와 자유방임주의, 그리고 열심히 일하게 만드는 청교도주의를 바탕으로 위기의 미국을 이끌어 잃어버린 미국의 위대함을 다시 찾게 만들었다. 진보주의자들이 펼치는, 미국의 전통적인 가치를 잘못된 것으로 보고 이를 근본적으로 고쳐야 한다는 주장은 레이건에게 말도 되지 않는 소리였다. 그가 보기에 전통적 가치인 근면, 검소, 개인주의, 자유방임주의, 영광스러운 미국은 더욱 신장되고 개발되어야 될 가치이지 조금도 잘못된 것이 아니었다.

레이건은 러쉬모어의 선배 대통령은 물론 프랭클린 루스벨트를 항상 존경했다. 하지만 프랭클린에 대한 존경은 그의 사상과 큰 정부를 지향하는 정치체제에 대한 존경이 아니었다. 적어도 공화당원이 된 이후부터 레이건은 프랭클린의 사상에 열광한 것이 아니라 그의 인간됨과 연설 스타일에 집착했다.

레이건은 대통령 집무실을 준비하는 보좌관들에게 캘빈 쿨리지의 사진을 준비하도록 시켰다. 그리고 그것을 임기 8년 동안 집무실에 걸어 두었다. 그것은 작은 정부를 주장하며 정부간섭을 최소화하여 기업과 국민들이 자유롭게 경제활동을 통해 번영하도록 노력한 그의 정치 스타일을 본받고 싶었기 때문이었다. 러쉬모어산에 오늘 수 있는 대통령을 선발한 그 시대정신에 가장 근접해 있는 현대의 대통령은 다름 아닌 레이건이다.

카터 집권기의 위기와 혼란[5]

침체된 미국 경제

제39대 미국 대통령 지미 카터는 기존의 일반 정치인들과는 다른 부류의 정치인이었다. 『뉴스위크 Newsweek』와 『로스앤젤레스 타임즈 Los Angeles Times』에서 정치부 기자로 일하면서 무려 7명의 대통령을 취재해온 로버트 쇼건 Robert Shogan의 주장처럼 정치가로서 카터는 모든 면에서 "예외적인 인물"이었고 자신이 다른 사람과 구분되는 "비범성(sense of exceptionalism)"을 증명하기 위해 노력한 사람이었다.[6] 사실 카터는 일생동안 자신이 다른 사람과 다른 사람이라는 점을 입증이라도 하듯이 모든 면에서 다르게 행동했다.

카터의 대통령 당선 배경에는 수 년 동안 계속되어 온 경기 침체가 자리 잡고 있었다. 장기간 경제가 혼란에 빠져 매우 불안하고 불만에 찬 시기였다. 주요 원인은 지속적인 인플레이션이었다. 다음 <표 1>과 <표 2>는 카터의 대통령 당선과 당선 이후의 어려운 경제상황을 설명해 주는 몇 가지 자료들이다. 실업률, 인플레이션 비율 등 이른바 경제상황을 나타내 주는 지표들이 하나같이 악화일로에 있음을 확인할 수 있다.

연도	실업률	인플레이션 비율
1974	5.6	4.7
1975	9.2	4.7
1976	7.7	4.8
1977	7.1	6.8
1978	6.1	9.6
1979	5.8	13.3
1980	7.1	12.0

〈표 1〉 카터 대통령 시기 미국의 경제상황 (%)
〈자료〉 Herbert Stein, *Presidential Economics: The Making of Economic Policy from Roosevelt to Clinton*, 1994. (허버트 스테인, 권승혁 옮김, 『대통령의 경제학』, 김영사, 1999, 233-261쪽 재정리.)

1947~1973	1973~1979
3	0.8

〈표 2〉 연평균 노동시간당 생산량 증가율 (%)
 〈자료〉 허버트 스테인, 앞의 책, 244쪽 재정리.

1978년은 인플레이션 비율 9.6%로 스티븐 길리언Steven M. Gillion에 의하면 "악성 인플레이션의 검은 먹구름"[7]이 카터 행정부의 지붕 위를 뒤덮었다. 이는 이미 복잡해져 있는 정치상황과 더불어 카터를 더욱 어렵게 만들었다. 인플레이션의 근원적 뿌리는 거대 정부를 이끌면서 베트남 전쟁을 수행한 존슨 대통령의 정책에 있었지만 그것의 부작용이 카터 행정부에 와서 나타나기 시작했다. 지나치게 팽창된 경제는 소비자 물가의 상승을 가져왔다. 1972년 선거가 있었던 해에 느슨하게 풀린 자금과 세계적으로 치솟은 오일가격, 흉작으로 인한 곡물가격의 상승, 상대적인 달러 가격의 하락 등으로 인플레이션의 급등이 계속되어 오일가격이 다시 치솟아 1978년에는 9.6%, 1979년에는 급기야 13.3%까지 치솟았다. 1978년 4월에 실시한 『뉴욕 타임즈New York Times』와 CBS의 공동 여론조사는 전체 63%에 해당하는 국민들의 최고의 관심이 인플레이션이었다는 것을 보여 주었다. 또한 이 조사에서 단지 32%만이 카터 행정부의 경제정책을 신뢰한다고 대답했다.

인플레이션은 카터 행정부로 하여금 여러가지 무리수를 두게 만들었다. 그것은 앞에서 설명한 바와 같이 '재정상의 운용성'을 극도로 제한시키는 것이었다. 문제는 이러한 정책이 과거의 민주당 출신 대통령들은 별로 사용하지 않은 대안이었다는 사실이다. 그러나 카터는 이 대안을 카드로 사용했다. 재정운용의 제한정책은 카터의 작품으로 여기서도 대통령으로서의 지도력의 예외적인 면을 보여주고 있다. 말하자면 카터의 대안은 종교적, 도덕적 개념의 정책이었다.

처음부터 카터는 역대 대통령 누구보다도 간곡히 노동자 측의 자발적인 임금동결과 사용자 측의 가격통제를 요구했다. 그러나 인플레이션이 치솟자 노동조합은 상승한 생활비용에 따라가기 위해 두 자리 숫자의 임금상승을 요구했다. 1978년 가을에 주식의 가파른 폭락과 외환시장에서 달러 가격의 하락에 부딪친 카터는 연방예산의 적자폭을 줄임으로써 인플레이션의 압력을 줄이고자 했다. "나는 정부의 지출을 상당히 제한해야 한다고 믿는다. 지금 우리는 긴축재정을 운영해야 될 때이다"라고 말했다. 이러한 시각에서 카터는 의회에 민주당 의원들의 지역구에서 이루어지는 많은 민감한 국내 사업의 예산 삭감을 요구하면서 긴축 예산안을 제출했다. 취임 초기에 100일 동안 카터는 의회에 에너지 보존, 정부조직개편, 이민정책의 변화, 사회복지개혁, 식량 배급표 개정, 세밀한 조사를 통한 선거절차의 조정 등 다양한 내용을 다루는 법률안을 제출했다. 카터의 법률화를 위한 노력의 중심은 침체에 빠진 경제를 살리는 데 있었다. 제출될 첫 예산안에 대해 그는 18가지에 달하는 서부의 물 관련 사업을 삭제시킬 것을 요구했다. 그런데 이 사업의 대부분은 민주당 출신 의원 지역구의 사업이었다는 데 문제가 있었다.

카터가 제출한 여러 종류의 긴 내용이 담긴 법률안에 질리고, 대통령과 그의 참모진에 의해 상당히 무시당한 것처럼 느끼면서 기분이 상한 의회의 지도자들은 카터의 기대와 달리 제출한 법률안의 대부분에 대해 의결을 거부했다. 일리노이주 연방 하원의원 댄 로스텐코우스키Dan Rostenkowski는 "나는 이 의회가 행정부의 요구에 눌려 무능하게 좌초되어 있거나 아무런 활동을 하지 않고 있는 것을 볼 수 없다. 우리는 하고자 하는 일을 할 것이다"라고 경고했다.

재정상의 운용성을 제한하는 것이 시들어 가는 경제를 살리는 길이라고 생각한 카터는 정부지출을 과감하게 삭감하는 긴축재정 정책을 실시했다. 민주당으로서는 예외적인 것이었다.

연도	총지출	총세입	연방지출	연방세입
1975	33.5	29.4	23.0	18.6
1976	32.3	30.1	22.2	19.2
1977	31.2	30.3	21.6	19.5
1978	30.0	30.2	21.0	19.8
1979	29.9	30.3	20.9	20.3
1980	31.8	30.5	22.6	20.4

〈표 3〉 국내 총생산 대비 미국 정부지출 및 세입의 비율(1975~1980)
〈자료〉 허버트 스테인, 앞의 책, 523쪽.

<표 3>은 카터 행정부 동안에 총세입은 약간씩이라도 증가했는데 반해 총지출은 줄어들고 있음을 보여주고 있다. 또한 연방지출 역시 카터 행정부 동안 계속 줄어들었다가 선거가 있었던 1980년에 약간 증가했음을 보여주고 있다. 카터의 이러한 정부지출 삭감은 특히 민주당 내에서 강한 반발을 샀

다. 하원의장 팁 오닐은 "나는 긴축재정 프로그램으로 인하여 국민들이 배고파 하는 것을 원하지 않는다"라고 말하면서 크게 화를 냈다. 1978년 12월 민주당 자유주의자들은 멤피스에서 열린 중간 전당대회를 행정부에 대한 불만 토로의 장으로 바꾸었다. 여기에서 상원의원 에드워드 케네디Edward Kennedy가 대중여론의 바람을 일으키면서 긴축재정으로 인한 혹독한 소비삭감을 비판했다. 경기침체에 대한 대책으로 카터가 도덕적 차원의 속죄의 의미로 덜 쓰고 덜 소비하는 긴축재정을 선택한 결과였다.

경제문제에 있어 카터의 이러한 예외적인 지도력을 가장 뚜렷하게 볼 수 있는 것은 에너지 문제와 관련해서 내놓은 정책이었다. 1973년 제4차 중동전쟁(Yom Kippur War)이후 아랍 산유국의 석유수출금지조치로 미국의 외국산 석유 값은 배럴당 6달러에서 12달러로 두 배가 상승했다. 동시에 미국의 외국산 석유에 대한 의존도는 전체 공급량의 35%에서 50%로 높아졌다. 에너지 문제를 해결하기 위해 1977년 4월 카터는 윌리엄 제임스William James가 한 말을 인용하여 "전쟁에 임하는 것과 같은 도덕적 노력(moral equivalent of war)"[8]이라 부르는 일을 주장하면서 그것이 경제적이고 복잡한 국제적인 문제가 연루된 것임에도 불구하고 그야말로 도덕적 차원의 에너지 소비를 절감하기 위한 광범위한 프로그램을 제안했다.

불행히도 카터가 제출한 에너지 보존 프로그램은 너무나 비밀리에 이루어져서 불필요한 조항들이 대부분이었다. 무려

113개 조항을 가지고 있었는데 내용은 물론 운영상의 명료함 역시 턱없이 결여되었다. 카터는 효율적으로 처리를 해야 하는 정치적 문제에 옳고 그름의 종교적인 의미를 적용시키는 평상시의 방식으로 이 문제에 대처했다. 비판가들은 이에 대해 "전쟁에 임하는 것과 같은 도덕적 노력(moral equivalent of war)"의 두 문자를 조립하여 "경멸(MEOW)"라고 놀렸다. 비판의 핵심은 카터가 내놓은 이 프로그램은 너무나 복잡하다는 것이었다. 이 문제와 관련하여 카터가 사전에 의회 지도자들과 에너지 문제 해결을 위한 발전방안을 논의하고 협조를 얻었다면 의회의 노골적인 반대는 면할 수 있었을 것이다. 하지만 그는 대규모 석유 회사의 탐욕에 대해, 그리고 의회 내에서 활동하고 있는 그들의 로비스트의 압력에 대해 비난을 퍼부었다. 카터는 외교적, 정치적 차원은 물론 다분히 국가운영의 종합적인 차원에서 검토하여야 할 에너지 문제를 단순히 도덕적 차원으로 처리하는 길을 선택했다.

1979년에 이르러 에너지 위기는 더욱 심각해졌다. 이란 국왕의 친미적인 체제가 이슬람 근본주의 지도자 호메이니Ayatollah Ruhollah Khomeini에 의해 통제되는 체제로 바뀌었다. 세계적인 석유생산의 감소를 가져 온 이 사건은 석유공급량을 줄이고 상대적으로 가격은 올라가도록 만들었다. 1979년 5월에는 캘리포니아에서 가솔린을 넣기 위해 줄 선 자동차는 무려 500대가 넘었다. 가격마저 1갤런 당 1달러 이상으로 올라갔다. 7월 4일 주말에 뉴욕시에 있는 주유소의 90%가 문을 닫았고, 펜실베이니아에서는 80%가, 로드아일랜드는 50%가 문을 닫았다.

국민들은 화가 치솟을 때까지 치솟았고 카터는 휴가를 취소하고 대국민 연설을 위해 워싱턴으로 돌아왔다. 그러나 카터는 에너지 문제는 "미국정신의 심각한 위기 증세"라고 주장한 패트릭 캐델Patrick Caddell의 말에 현혹되어 갑자기 대국민 연설을 취소하고 캠프데이비드로 가서 8일 동안 종교 지도자, 정치인, 시인, 정신과 의사 등과 회의를 가졌다. 이 모임은 회의라기보다 참회를 위한 일종의 종교적 속죄였다. 7월 15일 일요일 저녁 카터는 휴가지에서 돌아와 대통령의 대책에 대해 몹시도 궁금해 하는 국민들에게 연설을 했다. 늘 그랬듯이 카터는 현재의 어려움을 "우리의 마음과 영혼과 정신을 파괴하는 신뢰의 위기"라 진단하고 대체 에너지원의 개발, 석유와 천연가스의 세금 인상, 보다 엄격한 자동차 연료효율성 기준 마련 등이 포함된 새로운 에너지 정책을 제안했다. 그것은 정치적 정책이라기보다 일종의 종교적, 도덕적 대책이었다.

그런데 이로부터 3일이 지난 후 카터는 다른 사람들이 보건데 참으로 예외적인 조처를 내렸다. 캐델이 말한 "정신적 위기"에 대처하는 방안으로 그는 행정부의 쇄신을 희망했다. 카터는 "정신적 위기"를 초래한 것에 대해 기존의 각료들과 고위급 참모진들이 책임을 지어야 한다고 생각했다. 그래서 카터는 각료들과 참모진의 사표 제출을 요구하고 그들을 해고했다.[9] 카터는 이 해고를 정신적 위기에 대한 참회의 뜻으로, 각료들과 참모진을 새롭게 물갈이해서 새롭게 시작하겠다는 의미로 생각했지만 그 반응은 완전히 다른 것이었다. 국내외 언론은 물론 대부분의 국민들은 카터의 이 해고를 "자신의 행정부를 어떻게 할 수 없는 대통령의 자포자기의 행동"으로 해석했다. 이번에도 역시 카터는 종교적인 특성이 반영된 지도력을 발휘한 것이었다. 여기에는 "죄와 고백, 그리고 구원의 요소"들이 있었다. 그것은 "카터의 개인적, 정치적 생활을 특징짓는 일종의 상징적인 죽음과 부활의 일부"였다.[10] 카터에게는 다시 태어나기 위한 도덕적, 종교적 노력이었지만 국민들은 이를 정치적인 정책으로 해석했다. 그래서 이후 카터의 지지도는 역대 대통령 중 가장 낮은 24%까지 하락했다.

경제침체에 대한 카터의 노력에도 불구하고 미국 경제는 악화 일로에 있었다. 실업률, 인플레이션, 소비자물가 상승률 등 어느 하나 희망적인 것이 없었다. 미래에 대한 희망이 보이지 않을 때 미국 국민들은 오랫동안 잊고 살았던 전통적 가치를 다시 찾고자 했다. 그리고 바로 거기에 레이건이 있었다.

무방비 상태의 미국 외교

카터는 외교문제를 다루는 데 있어서도 예외 없이 도덕적이고 종교적인 차원으로 일을 처리했다. 미국은 그동안 외교문제를 정치, 군사적으로 해결해 왔다. 닉슨과 키신저로 대변되는 실리외교가 그것이었다.[11] 그러나 카터는 정치적, 군사적 수단보다 도덕적 원리를 강조했다. 카터는 실리외교를 포기하는 대신 자신이 직접 외교무대에 뛰어들어 평화와 인권을 자신의 외교정책 수행의 길잡이로 삼았다. 카터는 미국이 다른 나라와 특별하게 다른 점은 국가로서의 정체성이 혈연이나 인종이나 언어적인 결합이 아니라 미국의 정치적 약속에 대한 공유된 정치적, 도덕적 가치들 – 특히 인권이라는 보편적 가치 – 에 기초하고 있다는 사실을 여러 번 강조했다. 그는 취임식에서 "우리는 세계 그 어느 곳이든 자유의 종말에 대해 절대로 무관심할 수가 없다. 인권에 대한 우리의 책임은 절대적이다"라고 말했다.[12] 1991년 한 인터뷰에서 자신이 대통령에 당선된 것은 비밀외교로 대변되는 실리외교의 틀을 벗어나 도덕적 외교의 주장과 실천 때문이며, 자신의 외교에 대해 "인권을 신장하고 평화를 위한 기본 틀을 구축한 것"이라 스스로 밝혔다.

그러나 인권과 평화를 주장하는 카터의 이러한 외교에 대해 워싱턴 정가의 기존 외교 전문가들은 냉혹한 비판을 가했다. 그들은 카터의 인권외교가 순진하고 지나치게 도덕적이며 심지어 위험한 것이라 주장했다. 또한 일부에서는 카터의 외교는 위선적이며 일시적인 것이라 주장했다. 문제는 카터가 진심으로 평화와 인권을 원하였든 아니면 위선적인 차원이었든 상관없이 카터는 기존의 다른 대통령들과 다른 리더십으로 외교문제를 해결했다는 점이다. 정치적이고 군사적인 해결이 아닌 도덕적인 지도력이 그것이다.

그러나 카터의 의지와는 달리 인권외교는 냉혹한 세계무대에서 실천적 효과를 보기가 상당히 어려웠다. 특히 카터는 군사적으로 딜레마에 빠져 있었다. 동남아시아에서 미국이 패한 이후 처음으로 대통령이 된 카터는 세계에 대한 국민들의 서로 상반된 이중적인 태도를 만족시켜야 하는 입장에 처해 있었다. 미국인들은 또 다른 베트남을 피하고자 했으며, 한편으로 그들은 미국적 가치의 타당성에 의문을 제기하는 것을 용납하지 않았고 여전히 세계 권력의 상징으로 남아 있기를 고집스레 바랐다. 국민들의 이러한 상반된 희망에 대해 카터는 인권외교로 해결이 되리라 생각했지만 국제무대의 정치현실은 그렇지 않았다. 말하자면 그의 인권외교는 또 다른 베트남은 피했지만 세계 권력의 상징유지에 있어서는 그렇지 않았다.

특히 소련과의 관계에서 인권외교는 카터의 의도에서 빗나갔다. 그는 소련과의 관계에서 어쩔 수 없이 전임자들과 같이 냉전의 투쟁 속으로 끌려 들어갔다. 취임식에서 카터는 인권외교의 노선에 따라 "나의 궁극적인 목적은 지구상에서 핵무기의 제거에 있다"라고 선언하고 그는 대한민국으로부터 미국 핵무기의 즉각적인 철수를 명령했다. 그리고 그는 새롭게 개발될 폭격기 B-1의 개발과 중성자탄의 생산을 연기했다. 1976년 6월에 그는 미국과 소련 사이의 전략적 형평성을 유지하기 위한 제2차 전략무기제한회담(SALT treaty)에 서명하기 위해 비엔나를 방문했다. 그러나 변덕스러운 소련의 지도자들은 미국의 국제적 우월권을 다시 추구하려는 시도에 협력하지 않았다. 카

터의 회유적인 태도에도 불구하고 소련 지도부는 그들의 무기를 증강시켰다.[13]

더더욱 고조되고 있는 소련의 활동에 어떻게 대처할 것인가에 대해 카터 행정부 내에서도 일치된 목소리를 내지 못했다. 온건파인 국무장관 사이러스 밴스Cyrus Vance는 베트남은 국지적인 문제를 다루는 데 막강한 힘을 사용한 실패작이었다고 믿었다. 소련의 행동은 미국의 이익에 위협이 되지 않으며 그들은 전략무기제한회담을 성공적으로 이끌고자 하는 이 행정부에 위협이 되지 않을 것이라고 주장했다.[14] 그러나 밴스의 견해는 노골적이고 자주 마찰을 일으키는 강경파인 국가안보 보좌관인 브레진스키Zbigniew Brzezinski의 견해와 완전히 달랐다. 브레진스키는 "소련은 국제무대에서 미국의 의지를 시험하고 전후 미국의 불쾌감을 자극하면서 약한 점을 공략하고 전략적인 이익을 취하고 있다"라고 주장했다.[15] 그는 소련의 활동을 억제하는 방안으로 전략무기제한협정을 이용하기를 원했다. 문제는 국가안보에 대해 책임을 가진 두 사람의 견해 차가 종종 대중에게 알려졌고, 이것은 카터 행정부는 외교정책의 분명한 목적을 설정하지도 못하고 있다는 인상을 심어 주었다는 점이다. 카터의 외교에 대해 대단히 비판적인 스탠리 호프만Stanley Hoffmann은 이러한 "불일치"는 "카터 행정부의 외교정책 수립 과정에서 하나의 관행과도 같다"고 비판했다.[16]

결국 격해지고 있는 소련의 침략에 대한 관심은 카터 행정부의 우선권을 다시 조정하게 만들었을 뿐만 아니라 카터의 절대적인 원칙인 인권외교에도 금이 가게 만들었다. 즉, 이전의 대통령들처럼 카터도 냉전정책을 강화하지 않을 수가 없었다. 소련의 행동은 미국 내 강경파를 자극하여 긴장완화를 원하는 온건파의 주장을 약화시켰다. 점점 브레진스키의 견해에 가까워진 카터는 국방비의 대규모 증액, 나토의 강화, 중성자탄의 개발, 중거리 미사일과 퍼싱 미사일의 개발, 그리고 지하 터널을 만들어 복잡한 시스템 속에서 운영되는 방대한 규모의 새로운 미사일 시스템인 MX 등의 사업을 추진했다. 결국 그는 인권외교라는 도덕적 이상주의를 힘에 의한 정치라는 실리주의 외교로 노선을 바꾸어 자신이 추구하는 예외적인 것이 틀렸음을 스스로 인정한 것이 되었다.

카터의 인권외교는 파나마 협정에서 다시 한 번 곤혹을 치렀다. 카터는 "국제 관계를 정립하는 데 미국의 노선은 힘에 의한 강제력이 아닌 공정함이 기본이다"라는 도덕적인 주장아래 파나마 운하를 파나마에 넘겨주기 위해 노력했다. 카터는 1978년 자신의 도덕적 외교노선에 따라 파나마 운하의 완전한 주권을 파나마 공화국에 양도하는 협정에 서명했다. 그러나 순진하기까지 한 카터의 이 조처는 사실상의 정치적 패배를 그에게 안겨주는 결과가 되었다. 헨드릭 허츠버그는 "카터의 인권외교는 그가 오늘날까지 남미제국에 일종의 영웅으로 받아들여지는 이유"라고 말을 했지만, 한편으로 볼 때 "카터가 운하를 성공적으로 넘겨준 것을 미국에서 자랑스럽게 여길

수는 없었다"고 지적했다.

미국의 힘에 관한 불신감이 팽배한 시기에 보수주의자들은 운하를 미국의 영광스러운 과거를 재확인시키는 것으로 생각했다. 공화당의 강력한 라이벌인 레이건을 중심으로 한 보수주의자들은 카터를 "국가의 이익을 지키지 못하는 나약하고 무능한 대통령"으로 몰아갔다. 상원과의 지루한 싸움 끝에 파나마 협약이 통과된 지 한 달 후 38명의 공화당 출신 상원의원은 "카터 행정부의 외교정책을 조리에 맞지 않고 모순적이며 부적당한 정책"으로 비난했다.

카터가 대통령으로 있으면서 이룩한 가장 빛나는 업적이 있다면 그것은 이스라엘과 이집트 사이의 평화를 성사시킨 일일 것이다. 정치와 외교를 도덕적인 차원의 평화와 인권으로 처리하고자 한 카터는 중동평화에 대한 관심이 누구보다도 컸다. 중동평화에 대한 카터의 집요한 요구는 결국 캠프데이비드 협정(Camp Davis Accords)을 이끌어 내게 했다. 1978년 7월에 카터는 일기에 "반목하고 있는 중동의 지도자들을 평화협상의 자리로 이끄는 것이 최고의 과제다"라고 쓰고 있다. 9월에 그는 이집트 대통령 사다트Anwar Sadat와 이스라엘 수상 베긴Menachem Begin을 캠프데이비드 대통령 별장으로 초대했다. 13일 동안 카터는 중동의 평화정착을 위한 노력에 전심전력을 다했다. 두 캠프 사이를 바쁘게 오가면서 그는 모든 용어의 세세한 뉘앙스까지 정리했다. 그의 노력은 결실을 맺었다. 1979년 3월 26일 드디어 이집트와 이스라엘은 서로간의 30년에 걸친 적대 행위를 끝낸다는 조약에 서명했다. 이 조약을 이끌어 내기 위해 노력하는 카터를 지켜본 헨드릭 허츠버그는 "카터는 평화와 인권을 위해서는 무엇이든지 했으며 지옥의 심연 속에 뛰어 들어가서도 두 사람(사다트와 베긴)을 인도하려 했다. 인내력, 의지력, 경청하는 능력, 낙관주의, 신념을 가진 카터는 중동으로의 돈키호테적인 평화여행을 통해 이를 성공시켰다"라고 쓰고 있다. 다른 정치가들과 달리 예외적인 카터의 특별한 정치 스타일이 가져온 결과였다. 그러나 얼마 후 발생한 이란 인질 사건으로 그의 인권외교 최고의 성공작이 무색하게 되었다.

1979년 11월 4일 카터의 도덕적이고 종교적인 지도력이 총체적으로 도전을 받고 궁극적으로 그를 실패한 대통령으로 몰고 간 사건이 발생했다. 1979년 10월 신병 치료를 위해 미국에 온 추방당한 이란 왕 무하마드 팔레비Mohammad R. Pahlavi를 인도주의적인 입장에서 미국으로 받아들인다는 백악관의 결정에 항의하여 이란 민족주의자들은 이란에 있는 미국 대사관을 습격하여 "대악마(Great Satan)"를 처벌하기로 결정했다. 그들은 90명의 미국인 군인과 외교관을 사로잡아 인질로 삼았다. 이에 미국은 협박과 외교적 교섭으로도 이 인질의 석방을 이끌어 낼 수가 없었고 인질들은 나날이 초췌해져 갔다.

일반적으로 생각할 때 이러한 사건에 대한 대통령으로서 해야 할 일은 사건이 발생한 원인을 냉철히 분석하고 앞으로 어떻게 해결을 해야 할 것인가에 대한 적극적인 외교적, 정치적, 군사적 노력을 필요로 할 것이다. 그러나 이번에도 카터는 단순히 도덕적 잣대만을 가지고 문제를 해결하려고 했다. 네이슨 밀러의 말대로 "카터는 단순한 도덕적 잣대에 대한 고집으로 사건이 왜 일어나게 되었는가에 대해 이해를 하지 못했다."[17] 그래서 카터는 미국과 소련을 둘 다 비난하는 이란의 근본주의자들의 종교혁명에 대해 심각성을 인정치 않고 무시하는 입장을 취했던 것이다. 특히 카터는 이란에서 서로 양립할 수 없는 세력들인 극단적 좌익, 정치적 중도파, 그리고 보수적인 이슬람 성직 지도자들 간의 강한 결속이 이루어져 그들이 근본주의자들의 평등사상, 반미주의, 그리고 이란 왕과 그의 독재에 대한 반감 등으로 뒤섞여 있다는 사실을 알지도 못했다. 그 결과 카터가 선택한 해결책은 문제를 더욱 확대시키는 결과가 되었다.

이란의 폭도들이 테헤란에 있는 미국 대사관을 점령한 그 날 대통령으로 카터는 폭도들에게 강력한 한 경고를 했어야만 했다. 또한 사건 발생의 원인이 단순한 냉전적 차원의 논리가 아니라 위에서 설명한 복잡한 것들이 얽혀 있다는 것을 이해했어야만 했다. 이를 통해 겸손하고 신중한 방향에서 외교적, 정치적, 필요하다면 군사적 노력을 기울여 가야만 했다. 그럼에도 불구하고 카터는 단순히 이 사건의 빠른 종결을 위해서는 이란이 "정상"으로 돌아가야만 한다고 혼자만의 고집스런 생각을 했다. 호메이니 체제와 관계를 개선하고자 하는 노력에서 카터는 이슬람 시아파의 지도자로 신앙심이 뛰어난 인물에게 주어지는 아야톨라ayatollah를 받은 호메이니에게 "성자와 같은 사람"으로 호칭하였다. 네이슨 밀러의 지적대로 "카터의 미온적이고 도덕적인 문제해결 방법은 그 열쇠를 이란 열광주의자들의 손에 넘겨주는 결과"가 되었다. 혼란은 거듭되었지만 대중들의 열광이 식어가자 이란 열광주의자들은 혁명을 급진적으로 이끌어가기 위한 어떤 조치를 모색하고 있었다. 사건이 발생한지 444일을 지나면서 신문과 텔레비전이 인질들의 고통과 곤궁의 생활을 보도하게 되자 미국 내에서 이 사건은 완전히 곪아터지기 시작했다. 이제 이 사건은 카터의 대통령직 수행에 암적인 것이 되었다.

카터는 어쨌든 인질 사건을 풀어가 그 여파를 최소화했어야만 했는데 그렇게 하지 못했다. 이 문제 역시 인권적 차원의 도덕적인 지도력을 통해 해결하고자 했기 때문이었다. 이에 어떤 비평가들은 이런 카터를 두고 연재만화 『땅콩Peanuts』에 등장하는 인물인 찰리 브라운Charlie Brown으로 불렀다. 마음씨 좋은 사람으로 나오는 찰리는 자신이 축구공을 차려고 할 때 장난기로 가득한 루시Lucy로 하여금 자신 앞으로 공을 차도록 해주고, 매번 루시가 공을 잽싸게 잡아채면 그는 튀어오르는 공으로 인하여 영락없이 엉덩방아를 찧고 마는 상황이 되풀이되는 그런 만화였다. 비극적이지만 인질은 호전적인 폭도들에게 있어 완전한 축구공과 같은 것이었다. 카터는 인질의 석방을 위해 계속해서 협상을 시도했지만 얕잡아 보는 태도를 견지한 이란의 폭도들은 끝까지 축구공을 마음대로 가지고 놀고 있었다.

카터는 이란의 곤궁상태를 벗어나고자 하는 필사적인 노력 속에서 뒤늦은 군사적 해결방법을 선택했다. 그러나 카터가 선택한 방법은 사막의 모래 폭풍 속에서 두 대의 헬리콥터가 충돌하여 8명의 특공대가 사망함으로써 실패로 끝이 났다. 이란의 사막에서 불타오르는 미국의 헬리콥터의 화면은 미국인들의 민감한 신경을 자극하여 이제는 미국의 위상이 세계에서 형편없이 추락한 것이 아닌가 생각하도록 만들었다. 미국의 우월성을 믿고 있던 많은 미국인들은 카터 행정부의 무능에 대해 비난의 화살을 퍼부었고 이것은 베트남 전쟁 이후 미국의 국제적 역할을 다시 정립해 가는 것에 대한 초기의 기대를 물거품으로 만들었다. 당시 『비지니스 위크 Business Week』는 "역사상 처음으로 미국은 세계의 여러 나라에서 더 이상 힘과 영향력을 신장시키지 못하고 있다. 현대 역사를 규정해 온 팍스 아메리카 Pax-America는 빠르게 해체되어 가고 있다"라고 한탄했다.

카터에 대해 우호적인 헨드릭 허츠버그는 카터의 인질 구출 작전은 어떤 점에서 성공이었다고 주장했다. 말하자면 카터의 작전은 카터도 문제해결을 위해 군사적 방법을 사용할 수 있다는 점을 이란인들에게 심어 주었다는 것이다. 또한 새로 당선된 레이건 대통령은 카터보다 훨씬 인내심을 보이지 않고 카터보다 훨씬 강력한 군사적 방법을 사용할 수 있다는 두려움을 이란인들에게 심어 주었다는 것이다.[18]

허츠버그의 주장이 사실이라고 하자. 그러나 이것은 어디까지나 외교문제에 있어서 인권과 평화적인 방법을 추구하는 카터의 도덕적 지도력의 근본적인 무시에 의해서만 받아들여질 수 있는 것이다. 어찌했건 카터의 지도력에는 군사력의 사용이란 있을 수 없었기 때문이었다.

이런 상황에서 레이건이 등장했다. 그는 베트남-모스크바-테헤란으로 연결되는 외교력과 군사력의 와해는 적에게 미국이 무방비 상태에 있음을 보여주는 것이라 생각했다. 그는 허약성과 패배주의가 미국 국민들에게 스며들고 있는 것을 확인하고 미국의 위신과 자존심을 살려야 한다고 생각했다. 그래서 그는 엄청난 재정적자를 감수하더라도 국방비를 증액하고자 했다. 그는 보다 평화로운 세상은 강한 미국이 보장한다고 생각했다.

미국적 생활방식으로

미국의 전통적 가치관의 아들

로널드 윌슨 레이건은 1911년 2월 26일 일리노이주 탐피코라는 작은 도시에서 태어났지만 이웃 도시인 딕슨에서 성장했다. 아일랜드계 가톨릭신자인 아버지 존 에드워드 레이건John Edward Reagan은 신발 판매원으로 가족의 생계를 유지했다. 통신학교를 졸업한 그는 다양한 이야기를 재미있게 지어내는 이야기꾼이었으며 자신에게도 진정한 기회가 기다리고 있을 것이라 확신하는 공론가였다. 하지만 존은 아들 레이건이 '아일랜드인의 질병'이라 말한 심각한 알코올 중독자였다. 그래서 그는 일자리를 자주 잃게 되었고 새로운 일자리를 찾아 여러 곳으로 이사 다녔다. 아버지의 무능력과 알코올 중독증은 가정과 아이들의 바른 성장에 작지 않은 위협이었지만 거기에는 늘 견실한 가치관으로 가정과 아이들을 돌본 어머니 넬리 윌슨 레이건Nellie Wilson Reagan(그녀는 넬로 불리기를 원했다)이 있었다.

넬은 아버지의 무능함과 결점에도 불구하고 레이건을 상냥하고 도덕적이며 낙관적인 성격을 가진 사람으로 키웠다. 프로테스탄트 신자로 지역 교회에서 봉사를 하며 재봉 일을 통해 남편과 아들을 위해 자신을 희생했지만 그녀는 이것을 희생이라 생각하지 않았다. 그녀는 미국의 전통적 가치관을 너무나 중요한 것으로 생각했고 아들이 이런 가치관을 갖추고 살아가기를 원했다. 그녀는 비록 가난하고 어려웠지만 절대로 다른 사람에게 의존하지 않았다. 어머니의 이러한 생활은 레이건이 대통령이 된 후 '가난한 사람을 정부가 돌보아 주기를 기대하는 생각'이 일신되어야 할 것으로 보는 시각에 투영되어 나타난다. 그녀는 근면하고 자조적이고 도덕적인 생활을 할 때 언젠가 사회와 국가, 나아가 인류에 의미 있는 그 무엇이 될 것이라 낙관적으로 생각했다. 넬이나 레이건에게 가난은 투쟁이나 도움으로 해결할 것이 아니라 스스로의 노력으로 해결해야 할 것이었다. 레이건은 성장하기까지 10번 이상 이사를 다녔지만 그곳이 어떤 곳이든 어머니는 언제나 따뜻하고 안전한 보금자리를 마련해 주었다. 후에 퍼스트레이디가 된 낸시는 "컵에 물이 항상 반이나 남아 있다는 생각을 가진 시

어머니의 긍정적 낙천주의는 남편에게 그대로 영향을 주었다"
라고 말했다.[19]

레이건은 고등학교와 대학교를 다니면서도 어머니의 가르침인 전통적 가치관을 중시하는 생활에서 벗어나지 않았다. 그는 스스로 학교에 다닐 수 있는 방안을 강구했다. 학교 풋볼 선수와 연극반 활동, 학생회 회장, 그리고 인명구조원(레이건은 총 77명을 구조했다)을 지내면서 학비를 벌었다. 공부를 하면서 이런 활동은 어떤 학생에게는 힘든 일이었지만 레이건에게는 즐거움이었고 미래에 대한 희망이었다. 그는 어머니로부터 어떠한 어려움이 있더라도 반드시 해결될 수 있다는 낙관주의를 배웠다. 후에 대통령이 되어 유레카 대학을 방문했을 때 학생들에게 그는 "자신에게 일어난 모든 좋은 일은 캠퍼스에서 시작되었다"고 말했다.

레이건은 1931년 대학을 졸업하고 일리노이의 작은 라디오 방송국의 스포츠 해설자로 취직했다. 당시까지의 해설은 게임의 스코어만 알려주는 방식이었는데 레이건은 새로운 방법을 도입하여 이 방법을 일신했다. 그는 경기장에서 실제 경기를 보면서 방송하는 것과 같이 경기장의 분위기를 최대한 살려 재미있게 방송했다. 자연히 그의 방송은 인기를 얻었고 우연한 기회에 워너브라더스사와 계약을 맺어 영화배우가 되었다. 배우는 자신은 물론 어머니 넬의 꿈이었다. 1937년 레이건은 영화 「사랑은 방송 중 *Love is on the air*」을 시작으로 1964년 배우 생활을 마치기까지 총 53편의 영화에 출연했다. 그는 출연한 영화에서 대부분 정의의 편에 서서 주제넘지 않고 성실한 미국 중산층의 인물상을 잘 소화해 냈다. 말하자면 레이건은 배우를 하면서 개인의 근면은 성공을 약속해 주는 것이며 선은 악을 물리치고 반드시 승리한다는 믿음인 미국의 전통적 가치관을 연기했던 것이다.

레이건은 1940년에 자신보다 영화배우로 훨씬 성공적(그녀는 아카데미 여우주연상을 받았다)이었던 제인 와이먼Jane Wyman과 결혼을 했지만 남편이 자신보다 정치에 더 많은 관심을 가지고 있어 결혼생활을 더 이상할 수 없음을 주장하는 그녀와 이혼을 했다. 오늘날과 달리 당시의 많은 미국인들에게 이혼은 좋지 않은 경력이었다. 레이건은 어떻게 해서라도 이혼만은 피해 보려고 노력했지만 허사였다. 한동안의 고통 후에 레이건은 또 다른 여배우인 낸시 데이비스Nancy Davis를 만나 결혼을 했다. 한 번의 실패를 경험한 레이건은 낸시와의 사랑과 가정을 무엇보다 중요하게 여기고 이 관계를 죽을 때까지 유지했다.[20]

레이건은 프랭클린 루스벨트의 목소릴 듣고 성장했다. 대공황기에 아버지 존은 루스벨트의 공공정책으로 다시 일자리를 얻었다. 후에 광고회사 간부로 성공한 형 존 네일 레이건John Nellie Reagan도 민주당의 도움으로 일자리를 구했다. 레이건 역시 루스벨트를 존경하고 그의 웅변술에 감탄해 마지않았다. 하지만 그는 정치에 있어서는 전혀 다른 길을 갔다. 레이건은 영화배우조합 회장으로 있으면서 조합원들의 단체교섭을 성공적으로 이끌었고 조합내 공산주의의 침입을 성공적으로 막아

냈다. 그 후 제너럴 일렉트릭의 대변인으로 일하면서 레이건은 진보성향의 민주당을 버리고 전통적 가치관을 수호하는 보수적 공화당을 선택했다. 그것은 어머니 넬의 한결 같은 가르침이었고 레이건 스스로도 이 길이 올바른 길이라 생각했다.

시대적 흐름에 맞선 용기

미국의 전통적인 가치는 무엇인가? 미국사 연구에 헌신한 이주영 교수는 『미국의 좌파와 우파』에서 미국의 전통적인 가치를 세 가지로 설명하고 있다. "첫째, 개인주의(individualism)로 개인의 자유와 개인의 자기실현을 최고의 목표로 삼는 것, 둘째, 프로테스탄티즘 윤리(protestantism ethics)로 개인의 영적 구원과 개인의 직업적 성공에 관련된 것으로 근면, 자조, 절약, 도덕적 생활 등을 강조하는 것, 셋째, 자유방임주의(laissez-faire)로 정부는 각 개인의 자신을 실현할 방법을 찾는 데 자유로울 수 있도록 간섭해서는 안 된다는 것이다."[21] 이 가치들은 시간이 흐르면서 국민적 합의에 의해 미국적 생활방식으로 자리잡았다. 말하자면 개인, 자유, 근면, 정직 등의 가치가 핵심 요소였다.

그러나 1920년대 번영의 시기를 뒤이은 1929년의 대공황 이후 미국에는 새로운 가치가 도입되었다. 그것은 지금까지 미국에서 전혀 볼 수 없었던 이질적인 요소였다. 그것은 민주당의 프랭클린 루스벨트가 대공황의 문제를 해결하기 위해 도입한 뉴딜정책으로 구체화되어 나타났다. 정부개입(governmental intervention) 혹은 국가통제(state control)가 그것이다. 이는 미국의 전통적 가치가 존중하고 있는 개인보다 집단을, 자유보다 간섭과 통제를 더 중시하였다.

이러한 이질적인 요소는 1960년대 민주당의 케네디-존슨 정부의 '위대한 사회'의 시작과 함께 더욱 강화되어 진보주의적인 성격을 넘어 과격한 혁명성을 띠게 되었다. 특히 일종의 사회주의 이념이 개입되면서부터 기존의 전통적인 미국의 가치는 모두 개조되어야 할 것으로 보았다. 나아가 신좌파(New Left)들은 프로테스탄트 윤리까지 파괴하여 성과 마약의 혁명을 외치고 전통적인 것들에 강하게 도전했다.

이러한 진보적이고 때로는 과격한 사상은 정당하게 살고 있는 많은 중산계층으로부터 보다 많은 것을 얻어내려고 했다. 이는 사회, 경제적으로 많은 문제를 야기했다. 계층 간 위화감의 조성, 거대 정부의 탄생, 세금의 증대, 정부간섭의 확대가 그것이다. 복지제도라는 미명 아래 '빈곤과의 전쟁'을 선포했지만 정작 승리한 쪽은 빈곤이었다. 아무 일도 하지 않으면서도 정부가 나누어 주는 것으로 살아갈 수 있다는 생각을 가진 사람들이 더욱 많이 생겨났다. 결과적으로 개인과 기업의 창의력과 노력에 대한 정당한 보상이 인정되지 않는 상태에서 미국의 경제는 악화되지 않을 수가 없었다.

레이건은 시대의 흐름에 맞서는 큰 용기가 있었다. 그는 민주당이 혹은 진보주의가 아무리 인기가 있어도 이에 맞서지 않을 수가 없었다. 레이건이 민주당이 상종가를 치고 있을 때 민주당을 버리고(레이건은 자신이 민주당을 버린 것이 아니라 민주당이 자신을 버린 것이라고 말했다) 공화당원이 된 것은 바로 이것을 근본적인 문제로 보았기 때문이다. 비록 그는 프랭클린 루스벨트를 존경하고 또 1950년대 말까지 루스벨트의 민주당을 지지했지만 진보주의를 버리고 보수주의를 선택했다. 레이건은 진정한 보수주의가 망각해 가는 미국의 전통적 가치를 부활시킬 수 있다고 보았다. 그리고 이를 위해 정치를 시작했다. 권력을 행사하고 영향력을 확대하기 위해서가 아니라 보수주의의 길이 앞으로 미국이 가야할 길이라 생각했기 때문에 그 일을 하고자 했던 것이다.

레이건이 대통령이 되기 전 닉슨-포드의 공화당 정권이 있었지만 닉슨은 대통령이라는 권력에 집착한 나머지 국가 최고의 리더로서 국민을 위해 무엇을 해야 하는지를 알지 못했다. 닉슨은 아무도 믿지 못했으며 심지어 가장 가까운 아내에게도 진실한 마음을 보여주지 못하였다. 동부와 하버드로 대변되는 정치 엘리트에 들지 못한 닉슨은 그들에 대한 경멸적인 태도로 일관했고 그것을 감추기 위해 위장을 하지 않으면 안 되었다. 결국 닉슨은 워터게이트라는 국민을 상대로 한 거짓으로 대통령 자리에서 물러나야만 했다. 개방적이지 못한 닉슨은 레이건이 추진한 정부의 방향 변화 같은 것은 생각지도 못했을 것이다. 온건한 진보성향의 공화당원인 포드 역시 레이건이 꿈꾸는 큰 일인 정통적 가치의 부활을 위해 노력할 사람으로 보이지 않았다.

1976년 정권은 다시 민주당의 카터에게 넘어갔다. 카터는 월남전의 패배, 경제침체, 워터게이트 등으로 그야말로 만신창이가 된 미국과 미국 국민에게 자신은 '거짓말을 하지 않겠습니다'라는 약속을 하고 부지불식간에 대통령에 당선되었다. 그는 대통령으로서 당면한 문제를 어떻게 해결하고, 국민들을 어떻게 통합하여, 무슨 일을 할 것인지에 대한 목표와 비전을 제시해야 했음에도 불구하고 그러지 못했다. 그가 한 일은 자신의 관점에서 도덕적 지도력을 바탕으로 옳고 그른 것을 판단하는 것이었다. 그것은 질병에 대한 진단은 했지만 이에 대한 치료제는 주지 못한 경우였다. 복잡한 정치적 타결과 협조를 요하는 수많은 문제를 두고 카터는 공화당은커녕 자신이 속해 있는 민주당과도 협력을 하지 못하였다.

텔레비전 토론회에서 이런 카터 정부에 대해 레이건의 일침은 "국민 여러분! 지금의 생활이 4년 전보다 나아 졌습니까?"였다. 그리고 레이건이 들고 나온 것은 많은 미국 사람들이 너무나 친숙한 것이었다. 너무나 친숙해서 당혹한 사람들도 적지 않았지만 레이건의 보수주의는 드디어 힘을 발휘했다. 다수의 미국 국민들은 혼돈 속에서 미국의 전통적 가치를 회복시키기를 열망했다. 그들은 워터게이트로 인하여 생긴 대통령과 정치권에 대한 환멸감을 완전히 치유받기를 원했다.

주지사로서나 대통령으로서 레이건은 한결같이 경제적 번영을 위해 노력했다. 그는 경제침체의 원인을 뉴딜 이후 개인과 기업이 경제적 활동의 자유를 누리지 못하였기 때문이라 생각했다. 거대정부가 끊임없는 간섭과 통제로 개인의 자유를 박탈했기 때문이라 생각했다. 고율의 세금이 미국인들로 하여금 진보라는 미명 아래 건전한 노동을 하지 않고서도 먹고 살 수 있도록 해주었기 때문이라 생각했다. 그래서 그는 정부규모를 축소했으며 예산을 줄였으며 세금을 줄였다. 초기에는 어려움이 없지 않았으나 레이건 이후부터 번영이 왔다.

레이건은 세계평화에 대한 위협의 원인에는 소련이 자리 잡고 있음을 확신했다. 그래서 그는 소련은 경쟁의 대상이나 공존할 수 있는 존재가 아니라 궁극적으로 해체되어야 할 악惡으로 보았다. 그는 냉전과 데탕트의 지루한 대결구도를 끝내고자 했다. 그는 이 일을 위해 전략방위계획 사업을 추진하는 등 소련에 그리고 세계에 미국의 힘을 과시했다. 그 결과 레이건 이후 동서냉전은 사실상 종결되었다. 이 또한 레이건의 시대적 흐름에 맞선 용기 덕분이었다.

일관적인 보수주의 목소리

레이건의 본래 의도는 아니었지만 1964년 10월 27일은 그의 인생에 있어서 하나의 분수령이 되었다. 이날 그는 공화당의 대통령 후보로 나선 배리 골드워터를 위한 선거운동을 하면서 선거자금 모금을 위한 연설을 유창하게 해냈다. 이 연설은 레이건이 제너럴 일렉트릭에서 일을 하는 동안 많은 사람들에게 호소한 내용이었다. 그는 그동안 미국은 거대정부를 형성하여 개인의 자유를 크게 축소시켰으며 세계 공산주의가 부상하도록 아무 일도 하지 않았다고 경고했다. 이 연설에서 그는 미국 정부의 규모를 줄이고 미국인과 미국 기업들에 대한 과중한 세금을 줄이겠다고 약속했다. 이를 통해 그는 미국의 경제를 부흥시키겠다고 유권자들에게 약속했다. 나아가 제국주의적인 공산주의를 무찔러 해체시키겠다고 단언했다. 그는 "여러분과 나는 운명적으로 만났습니다. 우리는 우리 자손들을 위해 지구상에서 인간의 마지막이자 가장 좋은 희망을 유지하느냐, 혹은 1000년이 넘는 암흑의 세계로 첫 발을 내딛느냐를 결정해야 합니다"라는 인상 깊은 말로 마무리를 했다.

비록 골드워터는 선거에서 패배했지만 이 연설은 레이건을 전국적인 인물로 만들기에 충분했다. 레이건의 연설이 방송된 다음 날 공화당에는 정치헌금이 수없이 들어왔다. 그리고 보수적인 캘리포니아의 부유한 공화당원들이 후원회를 조직하여 레이건에게 1966년 세 번째 주지사 임기에 도전하는 민주당의 브라운을 상대로 주지사에 출마할 것을 제안했다. 정치를 하라는 제안에 레이건은 그냥 웃고 이를 심각한 문제로 고려하지 않았다. 그러나 시간이 지나면서 보수적인 유권자들이 레이건에게 종용했고 신중한 검토 끝에 그는 1966년 1월 4일 55세의 나이에 처음으로 선거를 통한 공직에 출마하겠다고 선언했다.

이 선거에서 1962년 전직 부통령 닉슨을 크게 패배시켰던

막강한 후보인 브라운은 하나의 실수를 했다. 그는 레이건을 정치적 경험이 전혀 없는 한물간 영화배우이며 우익 극단주의자라고 매도했다. 그리고 정치 광고를 통해 링컨을 암살한 사람 역시 배우라고 유권자들에게 환기시켰다. 이에 레이건은 자신을 정치의 아웃사이더로 인정하고 세크라멘토의 복잡한 문제를 해결하기 위해서는 직업정치가가 아니라 자신과 같은 평범한 시민이 필요하다고 응수했다. 결과는 레이건의 압도적인 승리였다. 하지만 레이건은 경험이 없는 정치가였고 골드워터 지원연설 때 약속했던 것과 같은 공약을 그대로 실시하기란 쉽지 않았다.

주지사가 되어 어느 기자가 "주지사로 우선순위가 무엇이냐"는 질문에 그는 "나는 잘 모른다. 나는 주지사가 되어 본적이 없다"라고 유머로 대답했다. 하지만 레이건은 자신의 할일이 무엇인지를 알고 있었고 실천했다. 그는 세금을 인하시키기를 원했다. 하지만 세금인하 정책을 실시하기에는 여러 어려움이 도사리고 있었다. 전 주지사의 주정부 주도의 자금이 들어가는 각종 프로그램은 레이건에게 지불해야 할 막대한 청구서가 남아 있었다. 또 캘리포니아의 늘어나는 인구는 주정부의 비용을 증대시켰다. 여기에 더하여 민주당이 우위를 점하고 있는 주의회는 레이건의 세금인하와 정부지출을 축소하고자 하는 제안을 반대했다. 또한 그는 주정부의 고용인원을 동결하고자 했고(선거운동을 통해 그는 주의 고용인원을 줄이겠다고 했지만 오히려 4000명이나 더 고용할 수밖에 없었다) 각 부처의 예산을

10%씩 삭감하는 조치를 취했지만 그가 바라는 대로 되지 않았다. 사실 레이건은 늘어나는 캘리포니아의 예산(연간 46억 달러에서 100억 달러로 확대되었다)을 상환하기 위해 세금을 어쩔 수 없이 높이지 않을 수가 없었다. 그럼에도 불구하고 많은 유권자들은 레이건이 자신들의 이익을 위해 노력하고 있다고 확신했고 그 결과 그는 주지사에 재선되었다.

첫 번째 주지사 임기동안 레이건의 보수주의 정책 중 크게 효과를 보지 못했던 경제관련 정책과는 달리 사회관련 정책은 상당한 성공을 거두었다. 버클리 대학교 학생들의 캠퍼스 내 정치활동 자유화를 위한 시위, 베트남전에 대한 과격한 반대, 로스앤젤레스 와츠지구 등의 흑인 폭동, 늘어나는 마약 문제 등에 대해 단호한 조치를 취했다. 그는 법과 질서를 회복하고 국가와 사회를 전통적인 가치가 존중되는 방향으로 돌리기를 원했다.

레이건은 두 번째 주지사 임기 역시 일관성 있게 보수주의 정책을 실시했다. 그의 주요 목표는 캘리포니아의 긴축 복지 정책 실시였다. 그는 주정부가 불구이거나 일자리를 찾을 수 없는 사람들을 도와주어야 한다고 생각했지만, 한편으로 그는 복지혜택을 받는 많은 사람들이 스스로 일자리를 찾기보다는 정부의 지원금을 받고 살아가는 길을 선택한다고 보았다. 열심히 일하는 사람은 언젠가 반드시 성공할 것이라는 부모(존과 넬)의 가르침을 토대로 살아 온 레이건은 야심 없이 의존적인 삶을 사는 사람들에 대한 동정이 거의 없었다. 그래서 그는

1971년 복지개혁 법안을 만들어 복지혜택을 받을 수 있는 사람들의 자격조건을 엄격히 강화했다.

레이건은 주지사 임기 중인 1968년과 1972년에 대통령 출마를 고려했으나 닉슨으로 인하여 기회가 오지 않았다. 어쩔 수 없이 레이건과 지지자들은 1976년을 기다려야 했다. 1974년 63세에 레이건이 두 번째 주지사 임기를 마쳤을 때 많은 사람들은 그가 이제 은퇴를 할 것으로 생각했지만 그는 은퇴를 고려하지 않았다. 그의 눈은 대통령에 맞추어져 있었다. 전열을 정비한 레이건은 1975년 11월 20일에 현직 대통령 포드를 상대로 공화당 대통령 후보에 나서겠다고 선언했다. 후보경선 전에서 레이건은 포드가 외교문제 있어 온건주의자로 공산주의자들에게 휘둘리고 있으며 국내문제 있어서는 거대정부를 상대로 강하게 싸우지도 않았다고 공격했다. 유권자들에게 레이건은 소련을 상대로 단호한 정책을 취할 것이며 연방정부의 지출을 줄이고, 세금을 인하하며, 나아가 균형예산을 이루겠다고 약속했다. 하지만 현직 대통령의 벽은 너무나 높았다. 그것도 같은 당에 소속되어서 현직 대통령을 상대로 승리하기란 여간 어려운 일이 아니었다. 결국 레이건은 47.4%의 지지를 받고도 후보경선에서 탈락했다. 레이건은 다시 4년을 기다려야 했다. 이제 그는 미국 역사상 대통령 후보로 최고령인 69세에 도전장을 내걸어야 할 운명이었다.

하지만 레이건은 실망하지 않았다. 그는 특유의 낙관주의의 목소리로 참모들과 지지자들에게 다음과 같이 말했다.

우리는 아직 패배하지 않았다. 그것은 긴 전쟁에서 하나의 전투에 불과하다. 우리는 살아 있는 동안 우리의 정치신념을 전파할 것이다. 낸시와 나는 흔들의자에 앉아 그것으로 우리 일은 끝났다고 얘기하지 않을 것이다.

여러분도 지금 하고 있는 일을 하게 만든 바로 그 믿음과 신념들을 갖고 그곳에 있기 바란다. 무대 위의 배우들은 바뀔지도 모른다. 하지만 우리의 정치신념은 바뀌지 않고 계속해서 나갈 것이다. 그리고 우리는 결국 승리할 것이다.

여러분의 이상을 포기하지 말라. 절대로 타협하지 말라. 편법에 의지하지 말라. 그리고, 제발 부탁하건대, 냉소적인 태도를 갖지 말라. 절대로 냉소적이 되지 말라. 여러분 자신을 보고 여러분이 하고자 하는 일을 보라. 그리고 여러분과 뜻이 같은 수많은 미국인들이 있음을 인식하라. 그들은 우리의 이상을 지지한다. 그들은 우리와 같은 길을 갈 것이다.[22]

레이건은 나이와 패배에 상관없이 자신이 해야 할 일과 가고 있는 방향을 잊지 않았다. 그것도 할 수 있다는 강한 신념과 낙관주의적인 확신으로 1980년 대통령 선거를 준비했다. 공화당 대통령 경선에는 레이건, 조지 부시George H.W. Bush, 로버트 돌Robert Dole, 하워드 베이커Howard Baker 등이 출마했다. 부시의 돌풍이 만만치 않았지만 1980년 7월 16일에 열린 공화당 전당대회는 레이건을 후보로 확정했다. 레이건은 곧바로 온건 보수주의자인 부시를 부통령 후보로 지명하고 자신의 지나친 보수주의적인 성향을 완화시켰다. 후보 수락연설에서 레이건은 다시 한 번 국민들에게 자신의 신념을 약속했다. 그는 세금을 인하하고 정부의 규모를 줄이고 균형예산을 이루어 경제부흥을 이끌 것이라 약속했다.

레이건은 4년 전 경선에서 자신을 이긴 포드를 물리친 민주당의 현직 대통령 카터를 상대로 대통령 선거에 임했다. 하지만 카터는 처음부터 불리한 여건으로 출발했다. 4년 전의 나는 '거짓말을 하지 않을 것입니다'라는 도덕적인 외침만으로 임박해 있는 복잡한 여러 문제를 해결할 수가 없었다. 계속된 인플레이션은 달러의 가치를 갉아 먹고 있었다. 높은 실업률과 가솔린의 부족은 많은 사람들을 불안하게 만들었다. 더불어 이란 인질 사건은 베트남과 아프가니스탄을 이어 미국의 국제적 위신을 손상시키고 있었다. 카터가 레이건에게 물려준 경제 상황은 닉슨이 포드에게 물려주었던 것보다 훨씬 피폐해져 있었다. 1976년 포드와의 선거전에서 승리한 카터는 경제상황을 측정하기 위해 인플레이션과 실업률을 조합한 소위 불행지수(Misery Index)라는 것을 고안했다. 이에 따르면 카터가 정권을 인수받았던 해에는 불행지수가 13.5였고, 그는 이 수치를 이용하여 포드를 철저하게 박살냈다. 그러나 카터가 레이건과의 재선에 도전했을 무렵에는 불행지수가 20.6으로 폭등했다.[23]

이에 레이건은 카터의 국내문제(주로 경제문제)와 대외문제를 주요 공격대상으로 삼았다. 사실 이것에 대한 공격의 내용은 레이건 자신의 일관적인 목소리이기도 했다. 바로 경제부흥을 이끌고 평화로운 세상을 만드는 것이었다. 레이건은 유권자들에게 카터는 물렁한 "협상자(the negotiator)"이지만 자신은 강한 "투사(the fighter)"라고 소개했다. 자신은 국내외적으로 밀려든 미국의 적에 대항할 준비가 되어 있다고 말했다. 국내문제에 있어 레이건은 미국의 경제를 다시 번영하도록 만들어 놓을 것이라 약속했다. 이를 위해 레이건은 세금을 인하하고, 정부지출을 줄이고(단, 국방비를 제외한), 개인과 기업에 대한 규제를 줄이겠다는 약속을 했다. 외교적으로 레이건은 미국의 국방력을 더욱 강화하여 평화를 위협하는 세력에 단호한 대처를 하고 궁극적으로 이들을 제거할 것이라 천명했다. 카터는 레이건을 위험한 호전주의자로 비난했지만 유권자들의 주요관심은 경제문제에 있었다. 선거결과 레이건은 일반투표에서 51%를, 선거인단투표에서 489표를 얻어 대통령에 당선되었다.

드디어 레이건 시대가 개막되었다. 대통령으로서 레이건의 등장은 여러 의미가 있지만 무엇보다 그것은 뉴딜 이후 거의 사라져간 미국 전통적 가치관의 부활을 의미했다.

레이건의 위대한 업적

정부자체가 문제입니다

1982년 1월 21일 취임사에서 레이건은 미국이 처해 있는 현재의 문제를 명확하게 진단했다. 그는 "정부는 우리의 문제에 대한 해결책이 아닙니다. 정부 자체가 문제입니다"라고 단언했다. 몇 십 년간 계속된 경제적인 어려움과 추락되어 있는 미국의 국가적 위신이 구체적인 문제였다. 왜 이런 문제가 생긴 것인가? 레이건은 이 문제의 근원에는 정부가 있음을 알고 있었다.

뉴딜 이후 커져간 거대정부는 국민들로 하여금 국가에 더욱 의존하도록 만들었다는 것이 레이건의 생각이었다. 레이건은 의존하는 국민들의 수가 많으면 많을수록 국가는 더 많은 예산을 쓰게 되고 늘어난 예산을 맞추기 위해 더 많은 세금을 거두게 되어 궁극적으로 개인과 기업의 자유로운 경제활동을 방해했다고 생각했다. 이는 또한 거대한 재정적자를 낳게 하는 원인이기도 했다고 생각했다. 또 늘어난 통화는 인플레이션을 불러왔고 물가를 불안정하게 만들었다고 생각했다. 결국 거대정부는 미국이 안고 있는 경제적 어려움의 핵심이라 생각했다. 그래서 레이건은 거대정부를 작은 정부로 만들고자 했고 그렇게 실천했다. 간섭보다 자유에, 집단보다 개인에, 분배보다 성장에, 의존보다 자치自治에 집중했다. 이것은 레이건이 어머니와 아버지로부터 배운 가치였고 나아가 미국의 전통적 가치와 일치하는 것이었다. 레이건은 이것이 미국과 미국인이 가야할 생활방식이라 생각했다. 그는 이것을 통하면 번영하는 미국이 다시 오리라 확신했다. 번영하는 미국이 바로 레이건이 제시한 비전이었다.

레이건은 국가위신이 추락한 원인에도 정부가 있음을 진단했다. 그는 미국이 그동안 냉전과 데탕트 시대를 지내면서 소련을 비롯한 적에게 너무나 유약하게 대처했다는 생각이었다. 정부는 냉전이든 데탕트든 소련을 너무 지나치게 큰 적으로 생각했다는 것이다. 그 결과 전혀 생산적이지 않은 화해(데탕트)를 위해 너무나 많은 것을 희생시켰다고 보았다. 레이건은 이것이 베트남의 치욕과 이란의 인질사건을 가져오게 한 원인으로 보았다. 그래서 레이건은 강한 정부를 만들고자 했고 정부의 모든 예산을 줄였음에도 불구하고 국방예산만은 증대하여 국방을 튼튼히 하고자 했고 그렇게 실천했다. 이것을 통해 국가의 영광을 다시 찾고자 했다. 강한 힘을 통해 국가의 위신과 자존심을 회복시키는 길이 레이건이 제시한 또 하나의 비전이었다.

경제적 번영을 이루다

레이건은 무엇보다 국민들이 정부에 의존하지 않고 스스로 일하는 것을 중요하게 생각했다. 레이건은 국민들이 열심히 일하는 모습을 보기를 원했다. 그는 국민들이 일을 하지 않고 정부에 의존하고자 하는 데서 경제적 어려움이 시작된다고 생각했다. 그는 개인이나 기업이 스스로 일을 할 때 원하는 바를 반드시 이룰 수 있다고 생각했다. 그는 국민들이 일을 하도록 근로의욕을 고취시키는 일이 정부의 최대 역할이라 생각했다. 레이건이 민주당에서 공화당으로 옮긴 이유에는 바로 이점이 자리 잡고 있었다. 개인의 경제 활동에 있어 정부의 역할이 그것이었다. 간섭이냐? 자유냐? 레이건은 자유가 올바르다고 생각했다. 그는 자유를 선택했고 죽을 때까지 그 길을 갔다.

정부간섭의 케인즈

1930년대 대공황기에 프랭클린 루스벨트 대통령은 침체된 경제를 해결하는 방법으로 케인즈 이론(Keynesianism)을 선택했다. 케인즈John M. Keynes는 영국의 경제학자로 경제가 어려워

져 소비자의 수요가 없어지고 상품을 구입하지 않게 되면 생산자는 상품을 만들지 않을 것이고 나아가 노동자도 고용하지 않고 이익을 내지 못한다고 보았다. 케인즈는 이런 사악한 사이클을 타파하기 위해서 소비와 투자수요 등 소비자의 수요측면을 강조하는 소위 유효수요이론을 내놓았다. 그는 경제의 핵심은 돈인데 돈은 단순한 소유에 의미가 있는 것이 아니라 얼마나 유통되는가에 그 중요함이 있다고 생각했다. 그래서 더 많은 돈이 유통되면 될수록 경제는 더 빨리 살아나며 번영이 더 빨리 도래한다고 생각했다.

돈의 유통이 극도로 둔화된 상태에서 정부의 할 일은 분명했다. 케인즈는 돈을 풀어 소비자의 수요를 창출해 내는 것이 정부의 역할이라 보았다. 이를 위해 정부는 적자재정을 통해 경제를 확장하여 공공 일자리를 만들고 농업을 지원하며 기업에 대부를 해주고 실업수당을 주고 사회복지정책을 대대적으로 확대하여 더 많은 수요를 창출해야 한다고 생각했다. 이와 더불어 정부는 통화 확대를 위해 금리를 인하하고 세금을 삭감해야 한다고 주장했다. 케인즈는 루스벨트를 면담하고 나서 "대통령은 경제에 관한 것을 잘 모르는 것 같다"고 말했지만 루스벨트는 케인즈를 신뢰했다. 뉴딜정책은 케인즈 이론을 밑바탕으로 하고 있다.

그러나 시간이 지나면서 케인즈 이론에 근본적인 문제점이 나타났다. 처음에 케인즈는 재정정책의 확장을 위해 세금을 삭감하고 국채발행 등을 통한 적자재정을 구성하여 정부지출을 확대하면 수요가 계속 늘어나 침체된 경기가 회복되리라 생각했다. 그러나 경기가 회복되고 번영이 도래했을 때 정부는 소비자의 수요를 창출하기 위해 발행했던 엄청난 빚을 청산해야만 했다. 해결책은 무엇이었는가? 누구나 싫어하는 일을 정부가 하지 않을 수가 없었다. 바로 세금을 올리는 일이었다. 더불어 이미 확대되어 있는 경제규모를 줄이기란 쉬운 일이 아니었다. 정부지출이 늘어나면 날수록 정부규제와 간섭도 늘어났다. 더불어 국가 빚은 커져갔고 인플레이션이 확대되었다. 말하자면 스태그플레이션Stagflation이 일어났다. 스태그플레이션이란 경기침체가 계속되는 속에서도 물가가 상승하는 현상이다. 앞의 <표 1>에서 보았듯이 실업률, 인플레이션 비율 등이 하늘 높은 줄을 모르고 올라가는 현상이었다. 이런 상황에서 높은 세금을 내야하는 개인과 기업은 위축된 경제활동을 할 수밖에 없게 되었다. 수입의 많은 부분이 세금으로 나가고 경기침체와 높은 물가가 유지되는 상황에서 일을 해보았자 별 의미가 없었다.

레이건은 바로 이 점을 보았다. 왜 개인이나 기업이 자유롭고 즐겁게 경제활동을 할 수 없는가? 레이건은 국민들이 스스로 일할 수 있기를 원했고 정치인으로 그리고 대통령으로 그 방안을 찾았다.

자유방임의 래퍼

레이건은 유레카 대학에서 경제학을 전공했다. 사실 레이건은 학문적으로 자신의 경제학에 대해 큰 의미를 두지 않았다. 그는 어머니 넬과 같이 비록 가난하지만 다른 사람의 도움 없이 근면하고 자조하는 생활을 해야 한다고 생각했다. 이런 생각이 그로 하여금 공화당을 선택하게 만들었다. 정치를 하면서 그는 소위 공급측면의 경제학자(supply-side economics)들을 만났고 그들의 주장은 레이건의 생각과 랑데부를 형성했다. 1970년대에 오일쇼크로 심화된 경기침체와 물가상승은 이를 해결하기 위한 일단의 경제학자들의 목소리를 형성시켰다. 시카고 대학 경제학자 아서 래퍼Arthur Laffer, 월스트리트 저널 기자인 주드 와니스키Jude Wanniski, 뉴욕주 연방 하원의원 잭 캠프Jack Kemp 등은 지금까지의 케인즈 이론과는 전혀 다른 새로운 이론을 내놓았다. 래퍼는 포드 대통령의 참모장이었던 리처드 체니Richard Cheney에게 냅킨에다 그림 하나를 그려 보였다. 세율(소득세율)이 올라가면 정부는 세금으로 인한 수입이 오히려 줄어드는 기현상을 설명했다. 계속해서 래퍼는 세금이 적정 비율로 내려갈 때 국민들은 더 많이 일을 하고 더 많은 생산을 할 것이고 결국에 가서는 정부는 더 많은 수입이 생긴다고 설명했다. 바로 래퍼곡선이다.

공급측면의 경제학자들은 경제활동은 개인이 일을 하고 저축하고 생산하고 소비하는 일을 스스로 선택할 때 가장 잘 진행된다고 주장했다. 그래서 경제적 번영은 모든 개인과 기업의 선택의 결과로 보았다. 그들은 정부가 할 수 있는 가장 중요한 일은 세금을 줄이는 일이라고 주장했다. 만약 사람들이

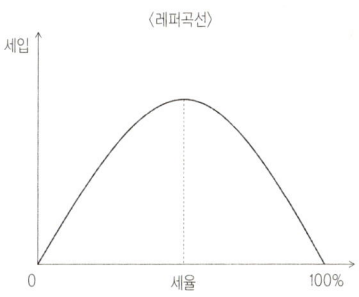

그들의 수입 중 많은 부분이 세금으로 나간다면 그들은 일을 하거나 저축을 할 동기를 잃게 될 것이고, 반대로 세금을 적게 내면 사람들이 경제활동을 활발하게 참여하여 경제가 성장하게 된다고 주장했다.

대법원 판사였던 올리버 홈즈 2세(Oliver W. Homes Jr.)가 한때 세금이란 한 사람이 문명화된 사회의 축복을 누리기 위해 지불해야할 당연한 것이라 말했지만 레이건의 생각은 달랐다. 그는 세금이란 도둑과 같은 것으로 한 사람의 생존의 문제에 위협을 가하는 것이라 말했다. 그는 영화배우로 벌어들인 돈의 90% 정도가 세금으로 빠져 나간 경험과 일 년에 두세 편의 영화를 찍고 나서 자신과 다른 배우들이 자신들의 수입을 정부에 세금으로 거의 다 빼앗기기보다 차라리 일을 하지 않으려고 했다는 말을 여러 차례 했다. 레이건은 사람들은 만약 자신이 번 돈의 대부분을 저축할 수 있다면 더욱 열심히 일할 것이며 반대로 세금으로 많은 부분이 없어지면 일에 대한 모든 동기를 상실할 것이라 말했다.

이 이론은 많은 다른 보수주의적 경제학자들에 의해 논란이 제기되었다. 특히 레이건 행정부의 경제보좌관을 지낸 밀턴 프리드먼Milton Friedman은 세금을 인하하고 국방비를 늘리면 확대되는 재정적자는 어떻게 할 것인가에 대해 문제 삼았다. 하지만 레이건은 자신의 생각과 동일한 주장을 하는 공급측면의 경제학자들을 크게 의존했다. 그는 세금이 줄어들면 사람들은 더 많은 상품을 만들어 내고 더 많은 돈을 소비하게 되므로 보다 많은 일자리가 창출되고 폭넓은 번영을 이루게 될 것이라 확신했다. 이를 통해 결과적으로 정부의 세금 수입도 늘어나 프리드먼의 걱정을 들 수 있다고 믿었다. 나아가 많은 부분에 있어 특히 방대해진 복지정책을 수행하느라 지출한 부분을 대폭 줄이고 경제 활성화를 통한 세금 수입이 늘어나면 예산적자도 줄어들 것이라고 보았다.[24]

레이거노믹스

레이건은 정부가 경제침체의 원인이라 생각했다. 정부는 거대정부를 유지하기 위해 무거운 세금을 요구했고 이로 인하여 개인과 기업은 투자를 방해받고 경제가 침체되지 않을 수 없다고 보았다. 거두어진 많은 세금은 정부의 확대된 지출을 충당하는 데 사용되었다고 보았다. 이로 인하여 확장된 통화는 인플레이션을 가져오게 했다고 생각했다.

이제 공급측면의 경제학자들이 주장을 실천할 때가 왔다.

그들은 세금은 인하하고 정부지출을 삭감하고(국방비는 증가) 긴축통화정책을 펼쳐 인플레이션을 잡고 각종 정부규제를 완화할 것을 정책으로 내놓았다. 그럼 무엇부터 해야 하는가? 사실 레이거노믹스의 정책들은 무엇이 좀 더 중요하고 무엇이 중요하지 않은가에 대한 구분을 둘 수 없다. 지출삭감, 세금인하, 긴축통화, 규제완화 등이 서로 맞물려 작용하는 성질의 것이었기 때문이었다. 어쨌든 레이건이 볼 때 문제의 핵심에는 정부가 있었다. 그는 정부의 성장을 감소시킴으로써 경제성장을 시킬 수 있다고 믿었다.

레이건은 대통령에 취임한지 한 달이 채 되지 않은 1981년 2월 18일 상하원 합동의회에 나가 네 가지의 경제 계획을 상세하게 설명했다.

첫째, 1982년 연방예산에서 414억 달러를 삭감할 것을 요구했다. 삭감의 주 대상은 뉴딜과 위대한 사회건설로 인하여 그동안 확대되어 온 사회복지 프로그램이었다. 빈민을 위한 도심지역 지원(urban aid), 노인의료지원(medicare), 빈민의료지원(medicaid), 무료식품교환권(food stamps), 근로빈민을 위한 생활보조비지급(welfare subsidies), 아동무료급식(school meals) 등에 대한 예산이 대폭 삭감되었으며 수혜를 받을 수 있는 자격조건이 강화되었다. 이에 따라 지역개발청과 같은 사회복지를 위한 기구들이 폐지되었다. 예산삭감은 정부의 모든 부처에 영향을 주었다. 단지 국방예산은 예외였고 오히려 증가했다.

둘째, 세금을 3년 동안 매년 10%씩 삭감하여 총 30%에 해당하는 소득세의 삭감을 요구했다. 이를 통해 레이건은 투자공제와 감가삭감비용을 허용하여 기업에 더 많은 자유를 주어 투자를 활성화할 것을 요구했다. 이에 대한 구체적인 계획을 1981년 8월에 의회에 제출했고 의회는 별다른 의견 없이 미국 역사상 최대의 세금삭감을 승인했다. 구체적인 내용은 3년간 소득세를 25%를 인하하고 기업에 투자공제와 감각삼각비를 공제해주는 것이 포함되었다. 이는 부자들에게만 혜택을 줄 것이라는 비판도 없지 않았지만 대부분의 국민들의 실질 소득세 부담은 1981년에 1618달러였던 것이 1988년에는 1491달러로 줄어들었다.

셋째, 효과가 없고 부담스러운 정부규제를 없애거나 개혁할 것을 요구했다. 레이건은 각종 정부규제가 기업의 이윤을 축소시켜 경제성장을 둔화시키고 있다고 판단하고 규제완화정책을 실시하여 기업 활동의 자유를 주고자 했다. 특히 환경, 보건, 안전에 대한 연방규제를 완화하였는데 레이건 행정부는 자원의 보전보다는 개발을 중시하였다. 레이건 행정부의 내무부 장관인 제임스 와트James Watt는 "단순히 천연자원을 보존하는 것이 아니라 그것을 보다 많이 캐내고 보다 많이 퍼내고 보다 많이 잘라내고 보다 많이 활용하는 것"이 자신의 생각이라 말했다. 실제로 레이건 행정부는 석유, 천연가스, 케이블TV, 장거리 전화, 주간 버스서비스, 해양선적 등에 대한 가격통제를 완화 내지 제거하였다. 또한 은행들은 투자할 수 있는 범위가 광범위하게 확대되었고 공정거래법의 범위도 축소되었다. 뿐만 아니라 건강, 안전, 환경 등이 관련된 규제가 완화되어 기업 활동이 크게 자유로워졌다.

넷째, 통화 공급의 성장을 늦춤으로써 인플레이션을 억제하고 금리를 안정시킬 것을 요구했다. 레이건은 통화증가율의 감소정책과 금리안정을 위한 조치를 적극적으로 실시하여 상당한 성공을 거두었다. 레이건이 대통령에 취임하는 1981년 초에 인플레이션이 12.4%에서 일 년 후에는 무려 7%로 떨어졌다. 또한 무려 21.5%에 육박했던 은행 금리도 1983년에 10.5%로 하락하여 경제성장을 위한 발판을 마련했다. 인플레이션의 하락과 금리인하는 카터를 그토록 괴롭혔던 석유가격이 하락하여 안정 상태로 된 데 큰 도움을 받았다. 1981년부터 석유수출국기구(OPEC)의 석유 생산량이 수요량보다 많아지면서 가격인상이 멈추었다.

레이건은 자신의 경제개혁 프로그램을 "미국의 새로운 시작: 경기회복을 위한 프로그램(America's New Beginning: A Program for Economic Recovery)"이라 칭했지만 이내 "레이거노믹스Reaganomics"로 불렸다.[25]

그것이 무엇으로 불려졌든지 레이건의 경제개혁 프로그램은 정부간섭의 케인즈에서 자유방임의 래퍼로의 선회였다. 그것은 프랭클린 루스벨트와 케네디의 진보주의에서 벗어나 보수주의로의 선회였다. 그리고 레이건의 선회 방향은 무엇보다도 명확하게 제시되어 있었다. 경제적 번영이 핵심 목표였다. 이를 위해 레이건은 정부지출을 삭감하고 감세정책을 실시하고 규제를 완화하고 긴축통화정책을 주요 수단으로 삼았다. 사실 레이건이 수단으로 내건 정책들은 일시적이나마 카터, 포드, 부시는 물론 많은 다른 사람들이 그 필요성을 알고 있었던 것이었다. 하지만 레이건은 누구보다도 그 선회가 올바른 방향이라 확신했고 될 수 있다는 낙관주의적 신념으로 그 일을 주도했다.

그러나 레이건의 새로운 경제 정책이 효과를 나타내는 데는 좀 더 많은 시간이 필요했다. 1983년에는 무려 2360억 달러에까지 달해 미국 역사상 가장 큰 규모의 예산적자를 기록했다. 이는 공급측면의 경제학자들을 반대한 사람들이 레이건의 세금삭감으로 생긴 것이라고 했지만 실제로는 그렇지 않았다(어떤 지표에 의하면 세금을 줄였을 때 연방정부의 수입 중 세금 수입은 더 많았음을 알 수 있다). 사실 예산적자는 레이건도 어쩔 수 없었다. 그동안 민주당 주도의 미국의회가 세금을 올리고 지출을 늘리는 데 몰두해왔기 때문에 레이건은 이를 위해 의회를 상대로 싸울 수가 없었다. 예산적자의 이유에는 레이건 정부의 또 다른 목표인 세계평화 구축을 위한 국방비 지출 증가가 한 몫을 차지하였다. 또한 인플레이션과 금리 안정을 위한 정책은 일정기간 실업률을 증가시켰다. 실업률이 1982년에 9.6%, 1983년에 9.7%까지 치솟았다. 또한 정부지출의 삭감은 꼭 필요로 하는 일부 수혜자들이 수혜를 받지 못하는 경우가 발생하기도 하였다. 나아가 규제완화 정책은 기업의 지나친 자유활동으로 환경문제를 비롯한 각종 사회 문제가 발생할 수 있

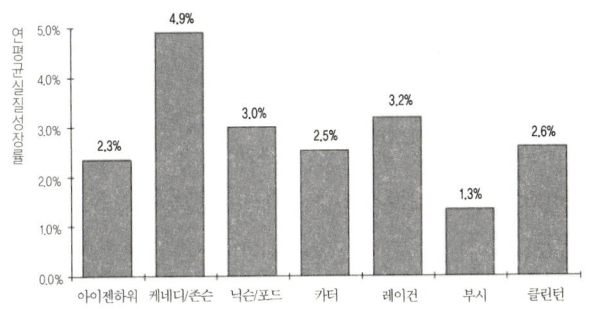

〈자료〉 Cato Institute calculations based on *Economic Report of the President*, 1996.

는 소지가 많았다.

새로운 경제정책을 도입한 레이건이 당장의 모든 것을 해결하는 마법의 손을 가진 대통령은 아니었지만 그의 정책은 나타낼 수 있는 거의 모든 경제 지표 상에서 상당한 효과를 거두었다.

레이건의 경제정책의 성과를 살펴보면 다음과 같다.[26]

높은 경제성장 1981년부터 1989년까지 실질국내총생산(GDP) 연평균 성장률이 3.2%로 1974년부터 1981년까지의 2.8%와 1989년부터 1995년까지 2.1%보다 훨씬 높은 비율로 성장했다. 이 3.2%는 카터 행정부의 영향을 받고 있었던 1981년과 1982년이 포함된 비율이다. 만약 이 시기를 뺀다면 레이건 집권기 경제성장률은 연평균 3.8%에 달하였다. 이는 여러 면에서 개

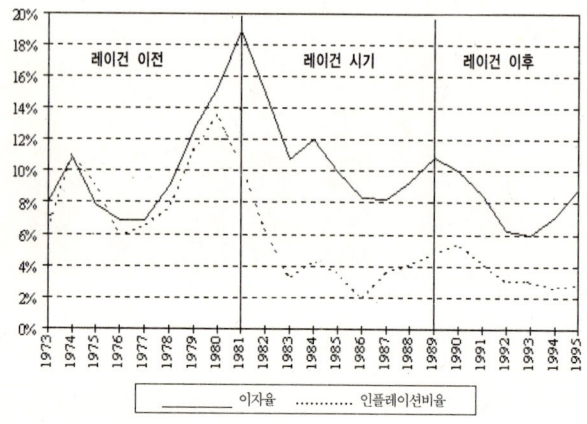

〈자료〉 Cato Institute calculations based on *Economic Report of the President*, 1996.

인과 기업이 마음껏 자유롭게 경제활동을 한 결과였다.

인플레이션비율 하락 및 이자율 하락 1981년 레이건이 카터로부터 물려받은 경제실상 중 최악의 것은 3년간 지속된 두 자리 숫자의 인플레이션이었다. 1980년에 소비자물가지수(CPI)는 무려 13.5%까지 상승했다. 그러나 꾸준한 통화긴축정책으로 레이건 집권 2기에 들어서 인플레이션비율이 거의 두 배 이상 하락하여 6.2%가 되고 임기 마지막 해인 1988년에는 4.1%로 안정되었다. 한편, 1981년에 무려 18.9%에 달하던 은행금리 역시 레이건 집권 이후 점점 완화되어 1987년에는 8.7%까지 하락하였다.

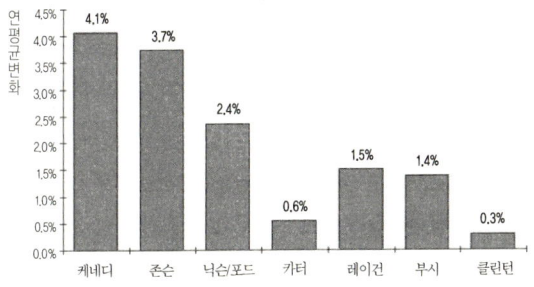

〈생산성비율〉

〈자료〉 Cato Institute calculations based on *Economic Report of the President*, 1996.

생산성 증가 실질 임금이 상승함에 따라 시간당 노동생산성이 상승하였다. 사실 레이건 이전의 30년 동안은 연평균 0.3%로 미국의 생산성 증가에 있어 제자리이거나 거의 장기하락 경향에 있었다. 그러나 레이건이 집권하고 나서부터 정부의 법인세 인하 등에 힘입어 연평균 생산성 증가는 1.5%에 달했다.

중산층 가정 수입 증가 레이건 집권기 내내 중산층 가정의 수입 역시 증가하였다. 1981년에 단지 3만7868달러였던 것이 1989년에는 4만2049달러로 무려 4000달러나 증가하였다. 이런 증가액은 레이건 이후부터 하락하고 있음을 알 수 있다. 부시 정권은 전반적으로 세금을 올리는 등 공급측면의 경제를 포기한 시기였다.

〈자료〉 Commerce Department, Bureau of the Census.

고용률 증가 및 실업률 감소 레이건 집권기인 1981년부터 1989년까지 미국은 총 1700만 개의 새로운 일자리를 만들어 냈다. 이는 해마다 200만 개의 새로운 일자리가 생겨났음을 의미하는 것이다. 고용률에 있어 레이건 이후의 연평균 증가율이 단지 1.2%인데 반해 레이건 때는 1.7%의 증가를 이루었다.

한편, 고용률이 증가함에 따라 실업률이 상대적으로 하락했다. 1981년 레이건이 집권할 당시 미국 실업률은 7.6%에 달했고 그 후 1981년에서 1982년까지의 실업률은 무려 9.7%에 달했다. 그러나 그 후부터 실업률은 점점 하락하여 레이건이 대통령을 마칠 때에는 5.5%로 안정되었다. 이는 개인과 기업에 대한 세금인하 정책으로 경기부양이 이루어지고 그것이 고용증대로 연결되었음을 의미한다.

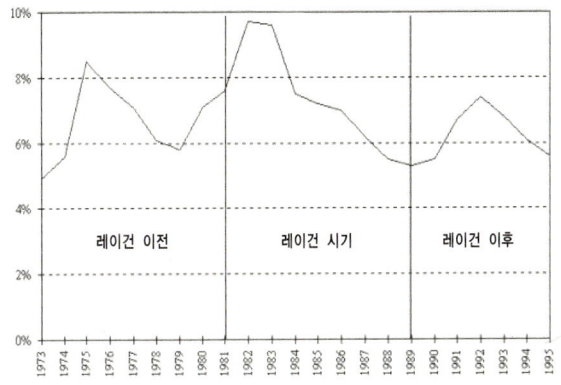

〈자료〉 Cato Institute calculations based on *Economic Report of the President*, 1996.

이와 같이 레이건의 경제정책은 거의 모든 면에서 성과를 거두었지만 그가 약속한 예산균형은 이루어지지 않았다. 1981년에 예산부족액은 1987년 달러를 기준으로 할 때 1010억 달러로 GDP의 2.7%에 달했고, 1983년에는 무려 2360억 달러로 GDP의 6.3%까지 달했다. 그러나 전반적으로 레이건 집권기에 예산부족은 점점 줄어들어 1989년에 1410억 달러로 GDP의 2.9%로 다시 줄어들었다.

균형예산을 이루고자 했던 레이건은 두 가지 면에서 딜레마에 빠지게 되었다. 먼저 악의 제국으로 칭한 소련과의 군비경쟁에 의한 막대한 국방비 지출이 균형예산을 맞추는 데 다소의 어려움을 주었다. 그러나 보다 큰 문제는 레이건이 사회복지 분야의 일부를 제외하고 그동안 민주당 중심의 의회가 만들어 놓은(공화당 출신 의원들도 사실 큰 반대를 하지 않은) 거대한 연방예산의 규모를 마음대로 삭감할 수가 없었다는 점이다. 레이건이 연방예산을 줄이려고 하면 의회와 언론은 아무것도 모르는 부르주아의 처신이라 비난했다. 그리고 예산삭감을 위해 노력하지 않으면 그들은 레이건이 무책임하다고, 약속을 어겼다고 비난했다. 이런 상황에서 그 아무리 낙관적인 대통령이라도 질 수밖에 없었다. 그래서 레이건은 예산문제에 대해 큰 힘을 쓰지 않았다. 또한 사실 균형예산은 레이건이 대통령으로서 달성하고자 한 목표의 우선순위에서 아래에 있는 것이었다. 레이건은 다양한 정책을 통해 경제부흥을 이끌고자 노력했고 그 목표를 달성했다. 그 결과 레이건은 월남전이라는 경기호재가 있었던 케네디-존슨 이후 평화기에 가장 오랫동안 경제팽창이 지속되었다.

평화로운 세상을 만들다

경제부흥과 함께 레이건은 또 다른 큰 일을 하고자 했다. 바로 평화로운 세상을 만드는 일이었다. 레이건은 그동안 평화로운 세상이 되지 못한 이유로 주저 없이 소련을 지적했다. 그리고 1945년 이후로 냉전과 데탕트가 계속되면서 소련의 음모에 휘둘린 미국정부에 책임이 있음을 지적했다. 레이건은 자유, 민주주의, 세계평화 등의 전형이어야 할 미국이 우유부단하여 그동안 크고 작은 일-월남전, 소련의 아프가니스탄

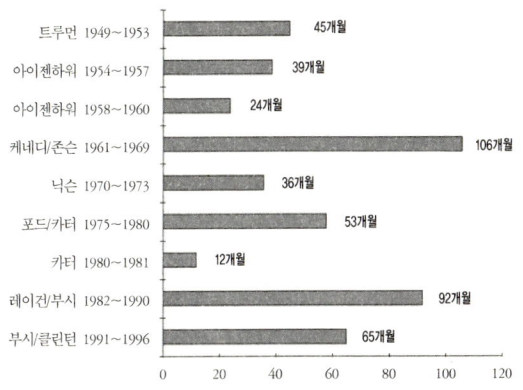

⟨자료⟩ National Bureau of *Economic Research*, *Public Information Office*, Cambridge, Mass, 1996.

침공, 이란 인질 사건 등 ― 을 겪으며 국가의 위신과 자존심이 상실되었다고 보았다. 그래서 레이건은 미국이 힘이 있어야 하고, 힘이 있어야만 평화로운 세상이 보장될 수 있을 것이라 생각했다. 힘을 통해서만 가장 큰 장애물인 소련을 제거할 수 있으리라 생각했다. 대통령으로서 레이건은 이 일을 목표로 삼았고 궁극적으로 그 목표가 달성되리라 확신했다.

레이건은 닉슨 등의 전임 대통령들과 키신저 등의 외교전문가들과는 달리 그동안의 데탕트 정책이 잘못되었다고 보았다. 레이건은 이 정책이 소련과 미국이 핵무기라는 매개체를 바탕으로 상호 간의 취약점에서 나온 정책으로 근본이 잘못되었다고 보았다. 이 정책은 군사력으로 뿐만 아니라 도덕적으로도 두 세력을 똑같은 것으로 만들어 결국은 그 상태가 고착화될 것이었다. 이렇게 되면 미국은 적의 존재의 적법성을 인정하는 꼴이 되고 결국 세계평화에 대한 도덕적 우월성을 주장할 수 없게 되는 것이었다. 따라서 레이건은 소련지도자들뿐만 아니라 세계의 많은 사람들에게 충격을 준 1982년 한 유명한 연설에서 미국은 선의 나라이고 소련은 "악의 제국"이라고 부르는데 조금도 주저하지 않았다.[27]

레이건은 그동안 소련이 너무 과대 포장되었다고 생각했다. 그래서 경제력에 바탕을 둔 막강한 군사력 증강은 소련의 과대포장을 벗길 수 있는 길이라 생각했다. 레이건은 데탕트는 상호 간의 동등한 힘의 세력균형에서 유지 가능한 것이므로, 이 균형을 깨고 소련이 따라오지 못할 만큼의 군사력을 강화하는 것이 소련의 위협을 물리치고 미국이 유리한 조건에서 협상을 주도할 수 있는 길이라고 믿었다. 그래서 그는 집권기간 동안 2조3000억 달러에 달하는 국방예산을 준비했다.

정치세계에 뛰어들면서부터 레이건은 공산주의는 없어져야 할 세력이라 보았다. 대통령이 되면서 레이건은 1979년 12월 소련의 아프가니스탄 침공을 강하게 비난하고 아프가니스탄을 원조했다. 이를 통해 그는 소련이 "악의 제국을 유지하는 대가"를 톡톡히 치르도록 하는 정책을 면밀히 검토했다. 계속해서 그는 공산주의를 반대하여 유럽에 중성자 핵무기를 설치했다. 레이건이 취한 핵심조치는 막대한 자금이 들어가는 전략방위계획으로 알려진 미사일 방어 프로그램이었다. 이는 비판적인 시각에서 공상과학영화 중의 하나인 스타워즈Star Wars에서 명칭을 가져 온 바로 그것이다. 이것이 허구이든 허구가 아니든 간에 이는 소련의 장군들과 지도자들로 하여금 그들이 더 이상 미국과 경쟁을 할 수 없는 것으로 보이게 했다.

그 결과는 실로 대단한 것이었다. 소련지도자들의 분노와 불안이 뒤섞였지만 소련지도부는 분명히 변하기 시작했다. 말하자면 레이건의 구상대로 미국과의 경쟁을 포기하는 길을 선택했던 것이다. 레이건은 처음에 소련과는 정상회담을 거절했지만 이제 능숙한 외교관으로 변신하여 소련의 지도자 미하엘 고르바초프Mikhail Gorbachev와 만나 회담했다. 이 회담은 공산주의 붕괴의 서막이라는 것이 입증되었다. 또한 레이건이 1987년 베를린에서 고르바초프에게 "이 장벽을 허물어 버리시오(Tear down this wall)"라고 놀랄만한 요구를 했을 때 다른 사람에게는 공허된 희망이었지만 실상은 그렇지 않았다.

레이건의 목표가 달성되었다. 목표를 향한 레이건의 전략이 적중되었다. 동서냉전의 상징인 베를린 장벽이 무너지고 자유세계의 적이었던 소련도 무너졌다.

레이건 리더십의 실체

명확한 목표와 비전

성공한 리더들의 공통된 요인 중 하나는 그들이 달성하고자 하는 명백한 목표와 비전을 가지고 있다는 점이다. 성공한 리더들은 무엇을 할 것인가를 알고 있고 그것을 따르는 사람들에게 알려주고 그들로부터 그 일을 하도록 위임을 하여 일을 추진했다.

70세가 되어서야 대통령이 되었지만 레이건은 이미 오래 전부터 자신이 무엇을 할 것인가를 국민들에게 알려왔다. 대통령이 되었고 드디어 그는 국민들에게 약속한 일을 추진했다. 이를 통해 잃어버린 미국의 자존심과 영광을 되찾을 수 있으리라는 비전을 제시해 주었다.

그가 추구한 것은 변해버린 미국의 가치관을 되찾는 일이었다. 뉴딜과 함께 시작된 정부간섭은 일시적으로 문제를 해결했으나 궁극적으로 볼 때 미국의 근본적인 가치관을 파괴하고 작금의 경제적, 외교적 문제를 일으킨 핵심 주범이었다. 그래서 레이건은 정부간섭에서 벗어나 전통적 가치인 자유방임으로 돌아가고자 했다. 집단에서 벗어나 개인의 자유를 되찾을 때라 생각했다. 의존적인 생활방식을 버리고 자존을 해야 할 시기라 생각했다. 그리고 또 하나, 미국의 힘과 자존심을 회복시켜야할 때라 생각했다.

이를 위해 레이건은 두 가지 목표에 집중했다. 하나는 경제부흥이고 다른 하나는 세계평화였다. 이미 살펴보았듯이 레이건은 이 두 가지 목표를 성공적으로 달성했다. 레이건의 목표 달성은 단지 시기의 문제였다. 그것은 우연이 아니라 필연이었고 레이건의 낙관주의의 결과였다. 그리고 그 결과는 오늘날 미국의 번영과 영광의 밑바탕이 되었다는 점은 두 말 할 나위가 없다.

낙관주의적인 태도

국민들은 대통령이 무엇을 하고자 하는지를 알기를 원한다. 이를 추구하다가 혹시 잘못되더라도 대통령으로부터 격려와 다시 할 수 있다는 희망의 소리를 듣기를 원한다. 그리고 추구하는 목표가 반드시 달성될 수 있다는 낙관주의와 환희의 목소리를 듣기를 원한다. 또한 대통령으로부터 미래 비전을 듣기를 원한다. 목표를 달성했을 때 자신들이 최고 나라의 최고 국민이라는 말을 듣기 원한다.

워터게이트 사건으로 미국 국민들은 일순간 도덕성의 회복에 관한 목소리를 원했다. 카터는 이에 정확히 부응하여 대통령이 되었다. 하지만 경제가 극도로 침체되고 국가적 위신이 손상되어 가는 시점에 단순히 도덕성의 회복을 외치는 것만으로는 부족했다. 실업률과 인플레이션이 높아만 가고 생산성이 하락하는 경제의 위기와 모스크바에서 테헤란으로 이어지는 적들의 공격으로 세계평화가 위협받고 국가적 위신이 손상되는 시점에 국민들은 도덕성 이외의 다른 해결책을 원했다. 그럼에도 카터는 석유파동으로 많은 미국 국민들이 고통을 받고 있었던 1979년 7월 15일에 '신뢰성의 위기'라는 제목으로 처해 있는 현실에 대한 어려움만을 국민들에게 말했다. 이 연설에서 카터는 당시 미국 국민들이 가장 절실한 문제로 생각하고 있는 문제인 에너지와 인플레이션 문제보다 신뢰성 위기라는 모호한 말만 했다. 그러나 현실은 에너지와 인플레이션이 문제였다. 카터는 처해 있는 현실에 대한 문제를 직시하지 못했을 뿐만 아니라 단지 문제만을 파악했을 뿐이고 이런 문제가 있으니 큰일이 났지 않았느냐하는 식의 대응에 불과했다. 그러나 국민들은 문제에 대한 해결방안, 그것도 정확한 해결방안을 원했다. 또 그 방안으로 문제를 해결할 수 있다는 강한 믿음과 신뢰를 원했다.

이 때 레이건이 나타났다. 그것도 경제위기를 극복하고 손상된 국가위신을 다시 회복시킬 수 있다는 강한 자신감을 가지고 등장했다. 세금을 인하하여 경제문제도 해결하고 국가의 위신도 되찾을 것이라 확신했다. 많은 사람들이 레이건의 공약은 오직 마술이나 주술로만 가능할 것이라 빈정거렸지만, 그는 성공할 수 있다는 낙관주의를 가지고 있었다. 그의 낙관주의가 미국 국민들을 다시 움직이게 했으며 잊어버린 용기와 자신감을 찾도록 해주었다. 레이건은 미국은 지난 역사를 통해 아무리 어려운 현실이 닥치더라도 이를 이겨낼 수 있는 나라라는 것을 알고 있었다. 독립 이후 위대한 국가를 건설해 왔고, 대공황이 그러했고, 진주만 기습이 그러했다. 그래서 레이건은 국민들이 하겠다는 마음만 먹으면 무엇이든지 할 수 있고 모든 것이 좋아질 것이라는 낙관적인 신념을 발휘했다.

레이건의 낙관주의는 어릴 때 가정에서부터 비롯된 것이었다. 막연하지만 미래에 대한 아버지의 희망과 모든 것을 긍정적인 입장에서 삶을 바라보는 어머니의 교육이 그대로 레이건에 영향을 주었다. 일리노이 딕슨고등학교를 졸업하면서 레이건은 학교 교지에 "인생이란 멋지고 달콤한 노래와 같다. 자, 그러니 그 음악을 시작하자!"라는 시를 남겼다. 열심히 노력하면 언젠가 좋은 결과가 나오리라는 믿음, 가난과 어려움에 실망을 하거나 비관하지 않고, 언제나 다른 사람의 장점만을 보는, 그리고 좋은 것을 더욱 좋은 것으로 생각하는 삶에 대한 이러한 태도는 레이건이 부모로부터 물려받은 값진 자산이었다. 이러한 것들은 미국인에게 전혀 새로운 것이 아니었다. 그것은 미국인들에게 너무나 익숙한 것들이었다. 그래서 레이건의 낙관주의는 다른 사람에게 쉽게 전염되었다. 국민들은 자신들이 미국인이라는 사실에 대해 자부심을 가졌으며 레이건이 자신들의 대통령이라는 사실에 자부심을 가졌다. 그들은 레이건으로부터 잃어버렸던 용기와 희망을 되찾았다.

레이건은 공적인 삶은 물론 사적인 삶 역시 낙관주의 그 자체였다. 대부분의 다른 사람들의 기준으로 볼 때 69세(레이건은 두 번의 임기를 성공적으로 마치고 78세에 백악관을 떠났다)는 은퇴를 할 시기였다. 하지만 레이건은 그렇게 생각하지 않았다. 레이건은 큰 일을 하기를 원했고 그래서 그에게 나이는 아무런 문제가 되지 않았다. 사실 레이건의 몸 상태는 많은 면에서 정상이 아니었다.[28] 하지만 레이건의 삶은 즐거움 그 자체였고 어떠한 어려움도 극복할 수 있고 해결할 수 있다는 강한 믿음이 있었다. 레이건은 1981년 3월 30일 존 힝클리 2세(John Hinckley Jr.)가 쏜 총에 피격을 당했다. 피격 후에 레이건이 보인 태도에서 우리는 그의 낙관주의를 분명히 확인할 수 있다. 들것에 실려 가면서 사람들에게 "총에 맞고도 죽지 않는 것은 정말 기분 좋은 일이지"라고 말했으며, 늦게 도착한 낸시에게 "여보, 고개 숙이는 것을 깜박 했어"라고 말했다. 또 몸에 박힌 총알을 꺼내기 위해 수술을 준비하는 의사들에게 "당신들 모두 공화당원이지요? 그렇지요?"라고 농담을 했다.

수술 후 2주가 되기 전에 레이건은 환하게 웃으면서 건장한 모습으로 국민들에게 돌아왔다. 그것은 국민들에게 뭔가 잘 될 것이라는 하나의 희망이었다. 레이건의 낙관주의가 국민들에게 전염되는 순간이었다.

레이건은 아내 낸시를 매우 사랑했다. 낸시 역시 레이건이 전부였다. 어떤 연구자들은 퍼스트레이디가 너무 대통령의 일을 간섭했다고 비난했지만, 낸시에게는 레이건이 권력을 가진 대통령이 아니라 큰 일을 하고 있는 남편이었을 뿐이었다. 낸시는 남편의 낙관주의에 대해 다음과 같이 말했다. "너무나 속수무책으로 낙관적인 사람과 산다는 것은 어려운 일이 아닐 수 없다. 그의 낙관주의가 나를 화나게 만드는 일이 종종 일어났다. 나는 그가 적어도 약간이라도 걱정하길 바랐다. 그러나 로니는 전혀 걱정하지 않았다. 나는 우리 두 사람 몫의 걱정을 도맡아 한 것 같다."[29]

협력적 커뮤니케이션

레이건은 미국 국민들로부터 가장 인기 있고 가장 사랑받는 대통령 중 한 사람이다. 레이건에게는 닉슨과 같은 경외심이나 어두움과 초조함이 없다. 그에게는 카터와 같은 근엄함과 냉랭함이 없다. 그에게는 신선하지만 그러나 현학적인 케네디와 같은 모습도 없다. 미국 국민들은 레이건에게서 한마디로 마음씨 좋은 옆집 아저씨의 모습을 보았다. 따뜻하고 밝고 친절하고 개방적이고 유쾌하고 낙천적인 모습이다. 이런 형용사들이 늘 레이건을 따라다녔다. 레이건은 홍조를 띤 얼굴에서, 떡 벌어진 가슴에서, 온화하고 설득력 있는 말솜씨에서, 그리고 실제 성격에서 그러했다.

레이건은 연극배우가 꿈이었던 어머니 넬에게서 어린 시절부터 다른 사람을 즐겁게 하고 설득하는 방법을 몸소 배웠다. 어머니로부터 컵에 물이 항상 반이나 남아 있다고 보는 긍정적인 생각과 일어나는 모든 일에는 다 이유가 있다고 보고 다른 사람의 입장에서 말하는 방법을 터득한 레이건은 배우생활을 하면서 이미 직업적인 대중연설가가 되었다. 특히 제너럴 일렉트릭에서 직접 대중들을 만난 경험은 레이건으로 하여금 연설의 성숙도를 더하게 해주었다.

레이건은 사람들로부터 "커뮤니케이션의 대가(the Great Communicator)"라는 별명을 얻었다. 레이건은 기자나 대중이나 그 대상이 누구든지 연설을 할 때 재미있는 이야기를 하듯이 말했다. 레이건은 단순한 일화라도 현실적이고 보편적으로 만들어 사용했다. 단순히 외우기보다는 레이건만의 언어로 만들어 사용했다. 레이건은 기억을 돕기 위해 간단한 메모지를 작성하여 순간순간 훔쳐보는 기술도 배웠다. 많은 사람들은 레이건이 프랭클린 루스벨트 이상의 명연설가라는 점에 동의하고 있다. 사실 레이건은 젊은 시절 방송일을 하면서 존경했던 루스벨트의 연설을 따라 적으며 그 비결을 연구했다. 어느 순간 레이건은 루스벨트의 그 비결을 알아냈다. 그리고 그 비결을

실제 방송과 그 후에 정치연설을 하거나 다른 사람과 대화를 하는 데 그대로 사용했다.30)

첫째, 딱딱하게 말하지 않는다. 문장을 확인하고 나서 고개를 들고 방금 읽었던 문장을 마치 대화하듯이 말했다.

둘째, 절대로 고개를 숙이고 원고를 읽지 않는다. 연설을 듣거나 대화를 하고 있는 사람들에게 시선을 주지 않고 작성된 글만을 읽어 내려가는 것은 설득이 아니라 말을 내지르는 것이기 때문에 반드시 고개를 들고 상대방을 응시하며 말했다.

셋째, 보고, 멈추고, 말했다. 메모지를 내려다보고 무슨 글귀가 있는지 살펴보고, 고개를 들고 몇 초 동안 말을 멈추고, 그리고 그 글을 자신만의 언어로 말했다.

넷째, 많은 연습을 했다. 레이건은 루스벨트의 비결과 또 다른 명연설가인 처칠의 비결을 파악하여 연설에 앞서 많은 연습을 했다.

다섯째, 상대의 의표를 찌르는 촌철살인의 기법을 사용했다. 상대가 전혀 예상하지 못했던 말을 함으로써 그 효과를 배가시켰다. 레이건은 카터와의 텔레비전 토론회에서 "국민 여러분! 지금의 생활이 4년 전보다 나아 졌습니까?"라는 말로 분위기를 압도했다. 고르바초프와의 대화에서 "이 장벽을 허물어 버리시오"라는 말로 냉전을 허물어버렸다.

레이건은 연설을 하든 대화를 하든 마치 옆 사람과 재미있는 이야기를 하듯이 했다. 그래서 레이건은 역대 대통령들 중 그 누구보다도 언론과 공조를 잘 이루었다. 집요한 기자들에 대해 닉슨은 잔뜩 의구심을 가지고 대했다. 카터는 근엄한 자세로 그들을 대했다. 하지만 레이건은 기자들을 존경으로 대했다. 레이건은 루스벨트만큼은 아니지만 20세기의 그 어떤 대통령보다 자주 그리고 정기적으로 기자간담회를 열었고 기자들의 질문에 성심껏 솔직하게 대답했다. 또한 레이건은 기자간담회에 늘 참모들을 동반했고 기자들은 참모들에게도 직접 질문할 수 있도록 해주었다. 같은 민주당 소속이면서 카터 대통령에게서 실망을 금치 못했던 하원의장 팁 오닐은 "레이건은 프랭클린 루스벨트 이래, 대중매체를 심지어는 존 케네디보다 훨씬 잘 다루었다"라고 말했다. 또한 1984년에 『워싱턴포스트』의 편집총국장이 된 벤저민 브래들리Benjamin Bradlee는 "입사한 이래 레이건에 대해 우리는 어느 대통령보다 호의적이었다"고 고백했다.[31] 레이건은 기자들을 적이 아니라 동지로 대했다.

레이건의 협력적 리더십은 의회와의 관계에서도 그대로 볼 수 있다. 카터는 재임기간 동안 의회담당 비서관과 딱 두 번만 접촉했다. 한번은 백악관이 당신과 함께 일을 하게 되어 기쁘다는 편지였다. 다른 한번은 임기 끝날 무렵에 받은 편지로 백악관은 지금까지 함께 일해 준 데 대해 감사한다는 내용이었다. 레이건 전기작가로 유명한 루 캐넌Lou Cannon의 글은 레이건이 의회와 어떤 협력을 했는가를 단적으로 보여주고 있다.

1980년 선거에서 승리한 후에, 레이건은 내게 이런 말을 했다. 주지사 시절에 얻은 교훈들 가운데, 대통령직을 수행하는 데 필요한, 그러면서도 가장 가치 있는 것은 입법부와의 협력이 성공할 수 있다는 인식이라는 것이었다. 레이건은 취임 후 첫 100일동안 49회의 만남을 통해 467명의 의원들을 만났다. 그 때문에 의원들 중에는 카터 정권 4년간 받았던 것 이상의 대접을 레이건 정권 4개월 동안에 다 받았다고 말했을 정도였다.[32]

레이건은 의원들에게도 기자들과 마찬가지로 존경과 품위로 대했다. 레이건에는 닉슨과 같이 내 편과 네 편이 없었다. 그는 카터처럼 냉랭하지 않았다. 레이건은 누구에게나 부드럽고 친절했다. 같은 당에 소속되어 있지 않더라도 대통령이 당신에게 친절하면 당신 역시 친절하지 않겠는가. 레이건과 많은 점에서 다른 민주당의 테드 케네디는 레이건은 믿음과 품위와 존경으로 자신을 대하는 레이건을 좋아했다.

유머

링컨과 처칠과 같이 레이건 역시 유머에 뛰어났다. 사람들은 딱딱함보다 부드러움을 더 좋아한다는 사실을 레이건은 알고 있었고 이를 현실에 적용했다. 레이건은 다른 사람과의 관계를 성공적으로 이끌기 위해서는 부드러운 유머가 효과적이라는 사실을 알고 늘 유머를 구사했다. 레이건을 연구한 거의 모든 사람들은 제각기 그의 뛰어난 유머실력을 이야기하고 있다.

레이건에 관한 가장 많이 알려진 유머는 그가 총격을 받고 난 후에 일어난 일이다. 총상을 입고 병원에 도착한 레이건은 간호사들이 흐르는 피를 지혈을 하기 위해 자신의 몸에 손을 대자 "우리 낸시에게 허락을 받았나?"하고 농담을 던졌다. 피격 후 얼마나 혼돈스럽겠는가? 그런 중에도 레이건은 유머를 손에서 놓지 않았다.[33] 수술 후 참모들이 레이건의 병실을 방문하면서 대통령이 부재중에도 백악관이 기름을 친 것처럼 잘 돌아간다고 말을 하자 레이건은 "그런 소리를 내가 좋아할 줄 알았군?" 하고 말했다.

1984년 대통령 선거를 앞두고 민주당의 먼데일과 텔레비전 토론회가 열렸다. 토론자로 나온 『볼티모어 선』의 헨리 트레이트가 레이건의 나이 많음에 대해 국가가 위기상황에 닥쳤을 때 이를 타개하기가 어렵지 않겠는가라는 질문을 했다. 이에 레이건은 "나는 나이를 이번 선거의 이슈로 만들지 않겠습니다. 나는 나의 상대의 젊음과 경험부족을 정치적 목적에 이용하지 않겠습니다"라고 말했다.

한번은 레이건이 보좌관인 존 로저스와 백악관 집무실에 단 둘이 있었다. 아무리 친한 사이라도 대통령과 단둘이 있게 된 로저스는 긴장을 했고 이를 확인한 레이건은 갑자기 벽에 걸린 조지 워싱턴의 주머니에 손을 넣은 모습의 초상화를 가리키며 "워싱턴 대통령이 손으로 무엇을 하고 있다고 생각하십

니까?"라고 말했다. 로저스가 모른다고 말하자 레이건은 "나는 그가 가려운 곳을 긁는 것으로 생각합니다"라고 말했다.

고르바초프를 만난 레이건이 그에게 농담을 던졌다. 개혁개방으로 혼란을 겪고 있는 소련에서 사람들이 식료품을 사기 위해 길고 긴 줄을 서는 장면이 자주 텔레비전을 통해 방영되고 있었다. 이에 레이건은 재미있는 이야기를 만들어 냈다. "길고 긴 줄은 좀처럼 줄어들지 않았다. 모스크바의 한 시민이 화가나 '이 모든 것이 고르바초프 탓이다. 나는 고르바초프를 죽이러 간다'고 하면서 어디론가 사라졌다. 그런데 얼마 후 그 사람이 고개를 숙인 채 돌아왔다. 사람들이 고르바초프를 죽였는가라고 말하자 '그 줄은 여기보다 두 배가 길었네'라고 말했다."

레이건은 기자회견을 자주했다. 1986년 3월에 한 기자회견에서 기자들이 대답하기 곤란한 문제를 집요하게 묻고 늘어졌다. 이에 레이건이 보좌관에게 "개자식들(Sons of a bitch)"라고 말했다. 잘 듣지 못했지만 기자들은 이내 대통령의 말이 욕임을 확인하고 백악관 지하 기자실에서 "SOB(지하실의 아이들, Sons of the Basement)"라고 적은 티셔츠를 입고 무언의 시위를 했다. 며칠 후 레이건은 다시 기자들을 만났다. 레이건 역시 SOB가 쓰인 노란색 티셔츠를 입고 나타났다. 이에 기자들은 약간 긴장했다. 그러나 레이건의 티셔츠 뒤에는 "예산을 아낍시다(Save Our Budget)"로 쓰여 있었다. 레이건의 재치 넘치는 유머였다.

레이건에 대한 평가와 그의 유산

레이건에 대한 평가

　미국 국민들은 누구든지 워싱턴과 링컨을 존경한다. 대통령에 대한 거의 모든 평가에서 두 사람은 1, 2위를 다툰다. 그 다음은 누구인가? 많은 사람들이 프랭클린 루스벨트를 선택하는 데 주저하지 않는다.

　레이건은 그의 위대한 업적에도 불구하고 그동안 정당한 평가를 받지 못하였다. 역사학자, 작가, 언론인 등이 참여한 1997년과 2000년 평가에서 레이건은 26위로 평가받았다.[34] 또한 찰스 파버 등의 개인적 연구에 의한 평가에서도 레이건은 31위를 받았다.[35] 그러나 2004년에 역시 여러 연구자들이 참여한 평가에서 레이건은 8위를 받았다.[36] 최근에는 위대한 미국 대통령 4명에 레이건이 포함되었다. 이는 레이건에 대한 평가가 새롭게 진행되고 있음을 보여주는 것이라 하겠다.

페기 누난은 레이건이 좋은 평가를 받지 못한 이유를 다음과 같이 말하고 있다. 평가에 참여하는 사람들은 역사학자, 작가, 언론인들로 이들은 지식인들이고 지식인들은 레이건은 바보라고 생각했다는 것이다. 왜냐하면 레이건의 생각은 보수주의적인데 지식인들은 진보주의적이라는 점과 레이건은 구체적인 것을 추구하지만 지식인들은 추상적인 것에 편안함을 느끼기 때문이라고 주장했다.

이는 레이건이 누구보다도 신념이 강한 보수주의자였다는 것을 설명해 주는 말이기도 하다. 프랭클린 루스벨트가 진보주의적이라면 레이건은 보수주의적이다. 프랭클린 루스벨트는 좋은 평가를 받고 있지만 그 역시 레이건과 마찬가지로 많은 사람들로부터 적지 않은 비판을 받고 있다.

평가가 어떠하든 분명 두 사람은 위대한 대통령임에는 틀림없는 것 같다. 두 사람의 인간됨과 그들의 고귀한 품성을 언급하지 않더라도 이들의 업적은 위대하다.

루스벨트는 전통적인 미국의 방향을 바꾸어 정부간섭으로 대공황을 극복했고 제2차 세계대전을 승리로 이끌었다. 그리고 유엔의 씨앗을 뿌렸다.

레이건의 업적 역시 이에 못지않다. 레이건은 베트남 전쟁, 워터게이트, 아프가니스탄 침공, 이란 인질 사건 등으로 국가의 자존심이 추락당했을 때, 그리고 계속된 경제위기로 미국 국민들이 더 없는 어려움을 당하고 있을 때 레이건은 구세주와 같이 나타났다. 루스벨트가 국가의 방향을 정부간섭으로 바꾼 것과 같이 레이건은 미국이 건국할 때의 전통적 가치관을 소중히 여기는 방향으로 바꾸었다. 국가를 다시 자유방임, 개인의 자유, 노동의 소중한 가치가 인정되는 방향으로 바꾸었다. 그는 국민들로 하여금 열심히 일하도록 만들었다. 나아가 레이건은 추락당한 미국의 자존심을 살려 미국의 영광을 높인 것이었다. 그것도 즐겁게 늘 미소를 지으며 그 일을 해냈다. 이 사실에 대해 마가렛 대처Margaret Thatcher 전 영국 수상은 레이건에게 무한한 감사를 드리지 않을 수 없다고 고백했다.37)

앞으로도 대통령에 대한 평가는 계속될 것이다. 사람들은 공기의 소중함을 잘 모른다. 하지만 공기가 부족하고 오염되었을 때, 늘 호흡했던 그 공기가 얼마나 소중했는가를 후에 알게 된다. 레이건도 미국인들에게 공기와 같은 사람이 아니었는가 생각한다.

레이건의 유산

오늘날 미국이 누리고 있는 위대한 영광의 초석은 레이건의 유산이다. 하나는 경제를 부흥시킨 것이고, 다른 하나는 국가의 자존심을 살린 것이다. 레이건 이후 미국 경제는 단기간의 위축은 있었지만 장기적으로 볼 때 미국 역사상 가장 번영하는 시기를 맞고 있다. 누가 뭐래도 2차 대전 이후 계속된 냉전의 틀을 깬 사람이 레이건이다. 공산주의와의 소모전을 더 이상 하지 않아도 된 것은 레이건의 덕이다.[38]

하지만 일부에서는 지난 2002년의 9.11테러와 같은 오늘날 국제 테러리스트들의 극단적 활동에 대한 근원적 책임이 레이건에 있다는 비판을 한다. 그가 세계 여러 곳 - 엘살바도르, 니카라과, 그레나다, 중동 등 - 에서 펼친 반공산주의 정책과 반테러리스트 정책이 국제테러를 근절시킨 것이 아니라 오히려 확대시켰다는 주장이다. 하지만 이러한 비판은 닭이 먼저냐 계란이 먼저냐 같은 소모적인 이야기에 지나지 않는다. 이에 대한 비판은 역사적으로 좀 더 명확한 연구가 필요하다.

또한 레이건과 그의 보수주의적 철학은 빈민, 노동세력, 소수세력, 마약 환자, 에이즈 환자, 동성애자 등의 문제에 관심을 두지 않았다는 비판을 받고 있다. 하지만 레이건은 이들의 문제는 그들 스스로의 의지와 결단으로 해결해야 할 문제이지, 국가의 도움이나 간섭으로 해결해서는 안 된다고 생각했다. 사람들이 스스로 자신의 문제를 해결해야 한다는 것은 레이건의 변치 않은 일생의 신념이었다.

우리는 여기서 분명히 알아야 할 것이 하나 있다. 그것은 이러한 업적을 가능하게 만든 요인이 바로 국민 각자가 보다 나은 세계를 위해 열심히 일하도록 만들고, 언젠가는 원하는 것이 이루어진다는 믿음을 준 레이건의 지칠 줄 모르는 낙천적 리더십이라는 사실이다.

분명 레이건은 죽고 없지만 그의 영향력은 미국과 미국인의 마음에 뚜렷이 남아있다. 레이건이 아직 살아 있을 때인 1998년, 미국사람들은 워싱턴국립공항이 로널드 레이건 워싱턴국립공항으로 이름을 바꾸었다. 2001년에 미 해군은 새로 진수한 항공모함의 이름을 'USS 로널드 레이건 호'로 명명했다. 아직 살아 있는 사람의 이름에 이와 같은 영광을 준 것은 해군 역사상 처음이었다. 뿐만 아니라 미국 전역에 걸쳐 많은 연방 빌딩이 레이건과 레이건을 연상시키는 이름으로 개명했다. 이에 더하여 현재 많은 미국인들이 10달러, 혹은 20달러나 50달러 지폐에 레이건의 얼굴이 인쇄되기를 간절히 원하고 있다.

대통령을 마치고 레이건이 은퇴생활을 한 캘리포니아에는 수많은 자료와 그의 정취를 느낄 수 있는 레이건 대통령 도서관이 있다. 그 옆에 그의 묘지가 있다.

알츠하이머

레이건의 영원한 참모 마이클 디버Michael Deaver는 이미 레이건이 외부 사람들과 만남을 중지한 지 오래된 2000년 8월에 낸시를 만났다. 정말 오랜만에 디버를 만난 낸시는 대통령의 근황에 대한 질문에 매번 난색을 표하며 어렵사리 말을 했다.

"아 정말, 그는 총도 맞았고, 암도 두 번이나 걸렸고 또 승마 사고도 겪었는데…… 그게 그 병을 시작하게 했어요."

낸시는 1994년 남편이 알츠하이머라는 진단을 받고 난 후,

처음에는 남편의 병을 부정했지만 결국은 받아들였다. 낸시는 남편을 다른 사람에게 맡기지 않았다. 그녀는 남편에 대한 사랑으로 그가 죽을 때까지 스스로 무거운 짐을 떠안았다. 그녀의 사랑이다.

디버는 낸시로부터 레이건이 작성한 그 마지막 편지를 얻었다. 레이건은 자신에게 닥쳐온 이 병의 혹독함을 미리 알고 1994년 11월 5일 더 이상의 기억이 사라지기 전에 다음과 같은 글을 공개했다.

사랑하는 미국 국민 여러분.

저는 최근 제가 알츠하이머병에 시달리는 수백만 명의 미국인들 중 한 명이라는 사실을 통보받았습니다. 이 사실을 들었을 때, 낸시와 저는 우리가 개별적 시민으로서 이 사실을 개인적인 일로 덮어 두어야 하는지, 아니면 대중들에게 알려야 할지 결정해야 했습니다.

과거에 낸시는 유방암을 겪기도 했고, 제 자신도 암 수술을 받았습니다. 우리 부부는 우리가 공개적으로 발표함으로써 일반 대중에게 그 병에 대한 관심을 불러일으킬 수 있다는 것을 배웠습니다. 우리는 결과적으로 더욱 많은 사람들이 암에 관한 사전 진단을 받았다는 사실에 기뻐했습니다. 그들은 초기에 치료를 받았고 정상적이고 건강한 삶으로 되돌아갈 수 있었습니다.

그래서 우리는 여러분과 함께 이 사실을 나누는 것이 중요하다고 생각합니다. 우리의 마음을 열면서, 우리는 이와 같은 행동으로 이 증세에 관한 인식이 개선되기를 바랍니다. 어쩌면 이 행동은 이 병으로 고통 받고 있는 개개인이나 가족들을 더욱 분명하게 이해할 수 있게 해줄 것입니다.

지금 이 순간에 저는 아주 괜찮습니다. 저는 하나님이 저에게 준 이 땅에서의 남은 삶을 제가 평소 하던 것을 하며 보낼 생각입니다. 저는 사랑하는 낸시와 저의 가족들과 삶의 여정을 지금까지 그래왔듯 함께 할 것입니다. 저는 멋진 야외생활을 즐길 것이며 제 친구들 및 지인들과 연락을 하며 지낼 계획입니다.

불행히도, 알츠하이머병이 진행될수록, 환자의 가족들은 자주 큰 짐을 짊어지게 됩니다. 저는 딱 한 가지, 이러한 힘든 경험으로부터 낸시를 벗어나게 할 수 있는 방법이 있었으면 하고 바랍니다. 그 시간이 오면, 저는 여러분의 도움으로 낸시가 그것을 믿음과 용기로 마주할 수 있을 것이라고 믿어 의심치 않습니다.

끝으로, 저는 여러분의 대통령으로 있을 수 있는 큰 영광을 준 당신, 미국인들에게 감사하고 싶습니다. 하나님의 집으로 저를 부르시면, 그게 언제가 되었든 간에, 저는 미국을 향한 큰 사랑과 나라의 미래를 위한 영원한 희망을 지닌 채 떠날 것입니다.

저는 이제 제 삶의 석양으로 저를 안내할 마지막 여정을 시작합니다. 미국에는 언제나 밝은 새벽이 앞에 있을 것이라는 것을 저는 확신합니다.

친구들이여, 고맙습니다. 신의 은총이 당신들과 함께 하기를.

로널드 레이건.39)

　미국 대통령을 지낸 레이건이 이 병을 공개함으로 인하여 미국은 물론 전 세계적으로 알츠하이머병에 대한 관심이 커졌으며 치료법에 대하 연구가 활발하게 진행 중이다. 이 편지에는 알츠하이머병에 대한 도전정신과 미국과 미국 국민, 그리고 낸시에 대한 사랑과 미래에 대한 희망이 들어 있다. 여기서도 그의 식을 줄 모르는 낙관주의를 찾아볼 수 있다.

주

1) Reagan, Ronald., *The Inaugural Address*, 1981.
2) 무엇보다 레이건은 일하지 않고 살아가는 것을 싫어했다. 국민들 각자가 일을 하고 그것에 대한 정당한 대가를 받는 것이야말로 미국건국의 기본이념이기도 했다. 그래서 레이건은 전통적인 이념인 보수주의를 선택했고 이를 추구하는 공화당을 선택했다.
3) 로버트 A. 윌슨, 형선호 옮김, 『국민을 살리는 대통령 죽이는 대통령』, 중앙M&B, 1997.
4) 데이비드 거겐, 서율택 옮김, 『CEO 대통령의 7가지 리더십』, 스테디북, 2002.
5) 이 장은 졸고 「지미 카터 대통령의 지도력에 대한 소고」(『中央史論』 제18집, 2003)를 재정리 하였다.
6) Shogan, Robert., *The Double-Edged Sword; How Character Makes and Ruins Presidents, from Washington to Clinton*, Westview Press, 1999.
7) Gillion, "Jimmy Carter", *The Reader's Companion to the American Presidency*, Houghton Mifflin Company, 2000.
8) 윌리엄 제임스(1842~1910)는 미국의 심리학자로 심리학은 종교와 갈등관계에 있지 않다는 주장을 했다. 그는 『심리학의 원리』(1890) 『종교적 경험의 다양성』(1902) 『프래그머티즘』(1907) 『진리의 의미』(1909) 등을 썼으며 그의 주장은 프래그머티즘 철학에 지대한 영향을 주었으며 나아가 혁신주의 개혁정신에도 큰 영향을 주었다. 카터는 "거듭난 기독교인"으로 윌리엄 제임스의 종교적, 도덕적 사회개혁 방법론을 대단히 신뢰했다.
9) 카터는 총 13개 부처 중 국무장관, 재무장관, 법무장관, 상무장관, 보건후생장관, 교육장관, 도시주택개발장관, 에너지장관 등 8개 부처 장관을 물갈이했다.
10) 카터는 일생을 통해 "죽음과 부활"을 계속했다. 주 상원의원 출마 후에, 주지사 출마 후에도 그러했다. 그리고 미천한 경력으로 대통령에 출마한 그 자체가 그러했다. 또한 1980년 선거에서 레이건에게 패하고 대통령으로 새로운 길을 갔을 때에도 그러했다. 그는 늘 "다시 태어난" 사람이었다.

11) 여기에 대한 것은 김봉중의 「카터 인권외교에 대한 재조명」 (『미국사 연구』 제10집, 1999)과 「전환기의 미국외교와 카터 인권외교의 등장」(『미국사 연구』 제17집, 2003)에 잘 연구되어 있다.
12) Carter, Jimmy., *The Inaugural Addresses*, 1977.
13) 소련이 아프가니스탄을 침공했을 때 이에 대한 항의로 카터는 소련에 대한 곡물판매를 금지시켰고 모스크바 올림픽을 보이콧했다.
14) Vance, Cyrus R., *Hard Choices: Critical years in America's Foreign Policy*, Simon and Schuster, 1983.
15) Brzezinski, Zbigniew K., *Power and Principle: Memoirso of the National Security Adviser, 1977-1981*. Farrar, Straus and Giroux, 1985.
16) Hoffmann, "The Hell of Good Intentions", *Foreign Policy 29*, 1977-1978.
17) 네이슨 밀러, 김형곤 옮김, 『이런 대통령 뽑지 맙시다』, 혜안, 2002.
18) 억류된 인질은 444일 만인 1981년 1월 20일 레이건이 대통령에 취임하는 날 석방되었다.
19) 보니 앤젤로, 이미선 옮김, 『대통령을 키운 어머니들』, 나무와 숲, 2001.
20) 낸시는 레이건으로부터 받은 편지를 모아 책으로 출간했다. 낸시 레이건, 이미선 옮김, 『아이 러브 유, 로니』, 한언, 2001.
21) 이주영, 『미국의 좌파와 우파』, 살림, 2003.
22) 로버트 A. 윌슨, 형선호 옮김, 『국민을 살리는 대통령 죽이는 대통령』, 중앙 M&B, 1997.
23) 데이비드 거겐, 서율택 옮김, 『CEO 대통령의 7가지 리더십』, 스테디북, 2002.
24) 레이건의 경쟁자였던 부시는 이러한 것은 오직 주술로만 가능하다고 말했고, 몇몇 공화당원들도 이를 '주술 경제학(voodoo economics)'으로 불렀다.
25) 레이건의 이러한 경제정책은 '신자유주의'적인 정책으로 불렸다. 밀턴 프리드먼과 같은 신자유주의자들은 기업 활동에 대한 정부의 간섭을 비판하고 철저하게 시장논리에 맡겨 두

어야 한다고 주장했다. 레이건의 신자유주의적인 경제정책은 1990년 이후 소위 '세계화'의 출발이었으며 이는 세계를 지배하는 이데올로기의 근본적인 변화의 출발지이기도 하다. 그 후부터 세계는 정치나 군사적인 역학관계보다 경제적 역학관계가 더욱 중요하게 되었다. (Whitney, David C., *The American Presidents*, Bookspan, 2001.)

26) 레이건의 경제정책 성과에 대한 내용과 그래프는 http://www.cato.org/pubs/pas/pa-261.html에서 참조하였다.
27) Reagan, Ronald. *The speech to the House of Commons*, 1982.
28) 이미 레이건은 어릴 때부터 심한 근시 때문에 1940년 초에 콘택트렌즈를 착용했다. 또 영화 촬영을 하면서 다른 배우가 권총을 레이건의 귀 가까이에서 발사하여 레이건은 심한 청각 장애를 가지게 되었고 결국 1983년에는 오른쪽에 1985년에는 왼쪽에 보청기를 착용하기 시작하였다. 1947년에 그는 바이러스성 폐렴에 걸려 사경을 헤맨 적이 있으며 그 후 어느 명사초청 야구시합에 출전하여 오른쪽 넓적다리가 부러지는 사고를 당했다. 대통령이 되어서도 레이건은 병을 달고 다녔다. 그는 건초열, 전립선, 개실증을 앓았고 1985년에는 결장암 수술을 했고 1987년에는 코에 붙어 있는 기저세포암을 제거하는 수술을 했다. 대통령을 그만 두기 2주 전에 레이건은 그의 왼쪽 손에 뒤퓌트랑연축이라는 병을 앓아 이를 제거하는 수술을 받았다.
29) 낸시 레이건, 이미선 옮김, 앞의 책.
30) 제임스 C. 흄즈, 이채진 옮김, 『링컨처럼 서서 처칠처럼 말하라』, 시아출판사, 2003.
31) 서율택 옮김, 앞의 책.
32) 위의 책.
33) 앞에서 소개한 "총에 맞고도 죽지 않는 것은 정말 기분 좋은 일이지" "여보, 고개 숙이는 것을 깜박 했어" "당신들 모두 공화당원이지요? 그렇지요?" 등의 이야기도 이 때 함께 한 것이다.
34) 리딩 윌리암, 김형곤 옮김, 『위대한 대통령 끔찍한 대통령』, 한언, 2000.
35) 찰스 F. 파버, 김형곤 옮김, 『대통령의 성적표』, 혜안, 2002.

36) James Taranto and Leonard Leo ed., *Presidential Leadership: Rating the Best and the Worst in the White House*, A Wall Street Journal Book, 2004.
37) U.S.A Today. November 16, 1988.
38) 하지만 최근에 러시아의 푸틴 대통령이 미국의 미사일 방어 시스템을 뚫을 수 있는 미사일을 개발했다고 큰 소리를 쳤다. 레이건이 시작한 미사일 방어체제는 단탄두 미사일에 대비한 것이라면 최근에 개발한 것은 다탄두이기 때문이라는 설명이다.
39) 마이클 디버, 정유섭 옮김, 『미국을 연주한 드러머, 레이건』, 열린책들, 2005.

로널드 레이건 가장 미국적인 대통령

펴낸날	초판 1쇄 2007년 9월 1일 초판 2쇄 2014년 1월 20일
지은이	**김형곤**
펴낸이	**심만수**
펴낸곳	**(주)살림출판사**
출판등록	1989년 11월 1일 제9-210호
주소	경기도 파주시 문발동 522-1
전화	**031-955-1350** 팩스 031-624-1356
기획·편집	**031-955-4662**
홈페이지	http://www.sallimbooks.com
이메일	book@sallimbooks.com
ISBN	978-89-522-0703-6 04080

※ 값은 뒤표지에 있습니다.
※ 잘못 만들어진 책은 구입하신 서점에서 바꾸어 드립니다.

함께 읽으면 좋은 책

사회·문화

089 커피 이야기　　eBook

김성윤(조선일보 기자)

커피는 일상을 영위하는 데 꼭 필요한 현대인의 생필품이 되어 버렸다. 중독성 있는 향, 마실수록 감미로운 쓴맛, 각성효과, 마음의 평화까지 제공하는 커피. 이 책에서 저자는 커피의 발견에 얽힌 이야기를 통해 그 기원을 설명한다. 커피의 문화사뿐만 아니라 커피에 대한 일반적인 정보 및 오해에 대해서도 쉽고 재미있게 소개한다.

021 색채의 상징, 색채의 심리

박영수(테마역사문화연구원 원장)

색채의 상징을 과학적으로 설명한 책. 색채의 이면에 숨어 있는 과학적 원리를 깨우쳐 주고 색채가 인간의 심리에 어떤 작용을 하는지를 여러 가지 분야의 사례를 통해 설명한다. 저자는 색에는 나름대로의 독특한 상징이 숨어 있으며, 성격에 따라 선호하는 색채도 다르다고 말한다.

001 미국의 좌파와 우파　　eBook

이주영(건국대 사학과 명예교수)

진보와 보수 세력의 변천사를 통해 미국의 정치와 사회 그리고 문화가 어떻게 형성되고 변해왔는지를 추적한 책. 건국 초기의 자유방임주의가 경제위기의 상황에서 진보-좌파 세력의 득세로 이어진 과정, 민주당과 공화당의 대립과 갈등, '제2의 미국혁명'으로 일컬어지는 극우파의 성장 배경 등이 자연스럽게 서술된다.

002 미국의 정체성 10가지 코드로 미국을 말하다　　eBook

김형인(한국외대 연구교수)

개인주의, 자유의 예찬, 평등주의, 법치주의, 다문화주의, 청교도 정신, 개척 정신, 실용주의, 과학·기술에 대한 신뢰, 미래지향성과 직설적 표현 등 10가지 코드를 통해 미국인의 정체성과 신념을 추적한 책. 미국인의 가치관과 정신이 어떠한 과정을 통해서 형성되고 변천되어 왔는지를 보여 준다.

사회·문화

058 중국의 문화코드

강진석(한국외대 연구교수)

중국의 핵심적인 문화코드를 통해 중국인의 과거와 현재, 문명의 형성 배경과 다양한 문화 양상을 조명한 책. 이 책은 중국인의 대표적인 기질이 어떠한 역사적 맥락에서 형성되었는지 주목한다. 또한, 구체적이고 실제적인 여러 사물과 사례를 중심으로 중국인의 사유방식에 대해 설명해 주고 있다.

057 중국의 정체성   `eBook`

강준영(한국외대 중국어과 교수)

중국, 중국인을 우리는 과연 어떻게 이해해야 하나? 우리 겨레의 역사와 직·간접적으로 끊임없이 영향을 주고받은 중국, 그러면서도 아직까지 그들의 속내를 자신 있게 말할 수 없는, 한편으로는 신비스럽고, 한편으로는 종잡을 수 없는 중국인에 대한 정체성을 명쾌하게 정리한 책.

015 오리엔탈리즘의 역사   `eBook`

정진농(부산대 영문과 교수)

동양인에 대한 서양인의 오만한 사고와 의식에 준엄한 항의를 했던 에드워드 사이드의 오리엔탈리즘. 이 책은 에드워드 사이드의 이론 해설에 머무르지 않고 진정한 오리엔탈리즘의 출발점과 그 과정, 그리고 현재와 미래의 조망까지 아우른다. 또한 오리엔탈리즘이 사이드가 발굴해 낸 새로운 개념이 결코 아님을 역설한다.

186 일본의 정체성   `eBook`

김필동(세명대 일어일문학과 교수)

일본인의 의식세계와 오늘의 일본을 만든 정신과 문화 등을 소개한 책. 일본인을 지배하는 이데올로기는 무엇이고 어떤 특징을 가지는지, 일본을 주목해야 하는 이유는 무엇인지 등이 서술된다. 일본인 행동양식의 특징과 토착적인 사상, 일본사회의 문화적 전통의 실체에 대한 분석을 통해 일본의 정체성을 체계적으로 살펴보고 있다.

사회·문화

261 노블레스 오블리주 세상을 비추는 기부의 역사

예종석(한양대 경영학과 교수)

프랑스어로 '높은 사회적 신분에 상응하는 도덕적 의무'를 뜻하는 노블레스 오블리주. 고대 그리스부터 현대까지 이어지고 있는 노블레스 오블리주의 역사 및 미국과 우리나라의 기부 문화를 살펴보고, 새로운 시대정신으로 노블레스 오블리주를 부활시킬 수 있는 가능성을 모색해 본다.

396 치명적인 금융위기, 왜 유독 대한민국인가 `eBook`

오형규(한국경제신문 논설위원)

이 책은 전 세계적인 금융 리스크의 증가 현상을 살펴보는 동시에 유달리 위기에 취약한 대한민국 경제의 문제를 진단한다. 금융안정망 구축 방안과 같은 실용적인 경제정책에서부터 개개인이 기억해야 할 대비법까지 제시해 주는 이 책을 통해 현대사회의 뉴노멀이 되어 버린 금융위기에서 살아남는 방법을 확인해 보자.

400 불안사회 대한민국, 복지가 해답인가 `eBook`

신광영 (중앙대 사회학과 교수)

대한민국 사회의 미래를 위해서 복지는 선택이 아니라 필수라고 말하는 책. 이를 위해 경제 위기, 사회해체, 저출산 고령화, 공동체 붕괴 등 불안사회 대한민국이 안고 있는 수많은 리스크를 진단한다. 저자는 사회적 위험에 대응하기 위한 복지 제도야말로 국민 모두의 삶의 질을 높일 수 있는 길이라는 것을 역설한다.

380 기후변화 이야기 `eBook`

이유진(녹색연합 기후에너지 정책위원)

이 책은 기후변화라는 위기의 시대를 살면서 우리가 알아야 할 기본지식을 소개한다. 저자는 기후변화와 관련된 핵심 쟁점들을 모두 정리하는 동시에 우리가 행동해야 할 실천적인 대안을 제시한다. 이를 통해 독자들은 기후변화 시대를 사는 우리가 무엇을 해야 할 것인지에 대하여 생각해 볼 수 있을 것이다.

사회·문화

eBook 표시가 되어있는 도서는 전자책으로 구매가 가능합니다.

001 미국의 좌파와 우파 | 이주영
002 미국의 정체성 | 김형인 eBook
003 마이너리티 역사 | 손영호
004 두 얼굴을 가진 하나님 | 김형인
005 MD | 정욱식 eBook
006 반미 | 김진웅
007 영화로 보는 미국 | 김성곤 eBook
008 미국 뒤집어보기 | 장석정
009 미국 문화지도 | 장석정
010 미국 메모랜덤 | 최성일
015 오리엔탈리즘의 역사 | 정진농
021 색채의 상징, 색채의 심리 | 박영수
028 조폭의 계보 | 방성수
037 마피아의 계보 | 안혁
039 유대인 | 정성호
048 르 몽드 | 최연구 eBook
057 중국의 정체성 | 강준영 eBook
058 중국의 문화코드 | 강진석
060 화교 | 정성호 eBook
061 중국인의 금기 | 장범성
077 21세기 한국의 문화혁명 | 이창덕 eBook
078 사건으로 보는 한국의 정체변동 | 양갈현
079 미국을 만든 사상들 | 정경희 eBook
080 한반도 시나리오 | 정욱식 eBook
081 미국인의 발견 | 우수근
083 법으로 보는 미국 | 채동배
084 미국 여성사 | 이창신 eBook
089 커피 이야기 | 김성윤 eBook
090 축구의 문화사 | 이은호
098 프랑스 문화와 상상력 | 박기현 eBook
119 올림픽의 숨은 이야기 | 장원재
136 학계의 금기를 찾아서 | 강성민 eBook
137 미·중·일 새로운 패권전략 | 우수근
142 크리스마스 | 이영제
160 지중해학 | 박상진
161 동북아시아 비핵지대 | 이삼성 외
186 일본의 정체성 | 김필동 eBook
190 한국과 일본 | 하우봉 eBook
217 문화콘텐츠란 무엇인가 | 최연구 eBook
222 자살 | 이진홍 eBook
223 성 억압과 진보의 역사 | 윤가현 eBook
224 아파트의 문화사 | 박철수 eBook
227 한국 축구 발전사 | 김성원 eBook
228 월드컵의 위대한 전설들 | 서준형
229 월드컵의 강국들 | 심재희

231 일본의 이중권력 쇼군과 천황 | 다카시로 고이치
235 20대의 정체성 | 정성호 eBook
236 중년의 사회학 | 정성호 eBook
237 인권 | 차병직 eBook
238 헌법재판 이야기 | 오호택 eBook
248 탈식민주의에 대한 성찰 | 박종성 eBook
261 노블레스 오블리주 | 예종석
262 미국인의 탄생 | 김진웅
279 한국인의 관계심리학 | 권수영
282 사르트르와 보부아르의 계약결혼 | 변광배
284 동유럽의 민족 분쟁 | 김철민
288 한미 FTA 후 작업의 미래 | 김준성 eBook
299 이케다 하야토 | 권혁기 eBook
300 박정희 | 김성진 eBook
301 리콴유 | 김성진 eBook
302 덩샤오핑 | 박형기 eBook
303 마거릿 대처 | 박동운 eBook
304 로널드 레이건 | 김형곤 eBook
305 셰이크 모하메드 | 최진영
306 유엔사무총장 | 김정태 eBook
312 글로벌 리더 | 백형찬
320 대통령의 탄생 | 조지형
321 대통령의 퇴임 이후 | 김형곤
322 미국의 대통령 선거 | 윤용희
323 프랑스 대통령 이야기 | 최연구
328 베이징 | 조창완
329 상하이 | 김윤희
330 홍콩 | 유영하
331 중화경제의 리더들 | 박형기
332 중국의 엘리트 | 주장환
333 중국의 소수민족 | 정재남
334 중국을 이해하는 9가지 관점 | 우수근
344 보수와 진보의 정신분석 | 김용신
345 저작권 | 김기태
357 미국의 총기 문화 | 손영호
358 표트르 대제 | 박지배
359 조지 워싱턴 | 김형곤
360 나폴레옹 | 서정복
361 비스마르크 | 김장수
362 모택동 | 김승일
363 러시아의 정체성 | 기연수
364 너는 시방 위험한 로봇이다 | 오은
365 발레리나를 꿈꾼 로봇 | 김선혁
366 로봇 선생님 가라사대 | 안동근
367 로봇 디자인의 숨겨진 규칙 | 구신애

368 로봇을 향한 열정, 일본 애니메이션 | 안병욱
378 데킬라 이야기 | 최명호 eBook
380 기후변화 이야기 | 이유진 eBook
385 이슬람 율법 | 공일주
390 법원 이야기 | 오호택
391 명예훼손이란 무엇인가 | 안상운
392 사법권의 독립 | 조지형
393 피해자학 강의 | 장규원 eBook
394 정보공개란 무엇인가 | 안상운 eBook
396 치명적인 금융위기,
왜 유독 대한민국인가 | 오형규 eBook
397 지방자치란, 돈이 새고 있다 | 최인욱 eBook
398 스마트 위험사회가 온다 | 민경식 eBook
399 한반도 대재난, 대책은 있는가 | 이정직 eBook
400 불안사회 대한민국,
복지가 해답인가 | 신광영 eBook
401 21세기 대한민국 대외전략:
낭만적 평화란 없다 | 김기수 eBook
402 보이지 않는 위협, 종북주의 | 류현수 eBook
403 우리 헌법 이야기 | 오호택 eBook
405 문화생활과 문화주택 | 김용범 eBook
406 미래 주거의 대안 | 김세용·이재준 eBook
407 개방과 폐쇄의 딜레마,
북한의 이중적 경제 | 남성욱·정유석 eBook
408 연극과 영화를 통해 본 북한사회 | 민병욱 eBook
409 먹기 위한 개방, 살기 위한 핵외교
| 김계동 eBook
410 북한 정권 붕괴 가능성과 대비 | 전경주 eBook
411 북한을 움직이는 힘 군부의 패권경쟁
| 이영훈 eBook
412 인민의 천국에서 벌어지는 인권유린
| 허만호 eBook
428 역사로 본 중국음식 | 신계숙 eBook
429 일본요리의 역사 | 박병학 eBook
430 한국의 음식문화 | 도현신 eBook
431 프랑스 음식문화 | 민혜련 eBook
438 개헌 이야기 | 오호택
443 국제 난민 이야기 | 김철민
447 브랜드를 알면 자동차가 보인다 | 김흥식 eBook
473 NLL을 말하다 | 이상철 eBook

(주)살림출판사
www.sallimbooks.com
주소 경기도 파주시 문발동 522-1 | 전화 031-955-1350 | 팩스 031-955-1355